おやきの教科書

小出 陽子

信濃毎日新聞社

はじめに

急斜面の多い信州の山村では、
主食として、米のかわりに粉ものが多く食べられてきました。
そのなかでも「おやき」は、信州を代表する伝統食のひとつ。
地粉をこねた生地で、旬の野菜を包んで作ります。

地域や家庭によって、作り方も味もさまざまな「おやき」。
おふくろの味の数だけ、いろいろな「おやき」があります。
だからこそ、食べたい「おやき」となかなか巡り会えないのも事実。

この本は、小麦粉の種類と焼き方・蒸し方などの製法によって
20種類以上のおやき生地とその作り方、
そして、旬の信州野菜を使った80種類の具のレシピを紹介しています。

あなたの食べたいおやきの生地はモチモチ？　それともパリパリ？
小麦粉の種類と特徴を知って、好みの生地のおやきを作りましょう。

伝統食「おやき」の奥深い世界にご案内します。

おやきの教科書 もくじ

はじめに

おやきとは ………………………… 6
小麦粉とは ………………………… 7
おやき作りに使う道具 …………… 8

おやき生地 ………………… 10

【焼き】
- 基本 中力粉＋ぬるま湯 ──────── 12
- 強力粉＋ぬるま湯 ──────── 14
- 強力粉＆ベーキングパウダー＋ぬるま湯 ── 16
- 強力粉＆ドライイースト＋ぬるま湯 ──── 18

【蒸かし 膨らし粉なし】
- 基本 中力粉＋ぬるま湯 ──────── 20
- 中力粉＋熱湯 ──────── 22
- 中力粉＋熱湯・中力粉＋水 ──────── 24
- 強力粉＋ぬるま湯＆白玉粉 ──────── 26

【蒸かし 膨らし粉入り】
- 基本 中力粉＆ベーキングパウダー＋ぬるま湯 ── 28
- 強力粉＆ベーキングパウダー＋ぬるま湯 ── 30
- 中力粉＆ベーキングパウダー＋ぬるま湯＆重曹 ── 32
- 強力粉＆ドライイースト＋ぬるま湯 ──── 34

【焼き蒸かし】
- 基本 中力粉＋水 ──────── 36
- 強力粉＋ぬるま湯 ──────── 38
- 強力粉＋熱湯＆片栗粉 ──────── 40
- 強力粉＆冷ごはん＋ぬるま湯 ──────── 42
- 強力粉＋ぬるま湯＆雑穀ペースト ──────── 44

加熱アラカルト ………………… 46

おやきの具 ……………… 48

【具の定番】…………………………………… 50
野沢菜 / きりぼし大根 / きざみなす ─────── 51
野菜ミックス / かぼちゃ / にら ───────── 52
和風きのこ / おから / ゆず大根 ───────── 53
つぶあん / 黒ごまあん / りんご＆おさつ ───── 54

コラム「おやきの歳時記」………………………… 55

【具のアラカルト】……………………………… 56
ふきのとう / 山菜ミックス / 破竹と蕗の味噌風味 ── 57
こごみ / のびる / わらび ─────────── 58
菜の花 / 雪菜 / 中華風ほうれん草 ──────── 59
そぼろ雪菜 / 大根葉のナムル / 野沢菜の葉っぱ ── 60
丸なす / 麻婆なす ────────────── 61
夏野菜カレー / 夏野菜ラタトゥイユ / みょうが ── 62
梅紫蘇オクラ / カレーもやし / 錦糸瓜 ────── 63
丸ごとピーマン / モロッコいんげん / やたら ─── 64
新玉の辛味噌 / 新玉のカレーマリネ / 葉玉ねぎ ── 65
肉じゃが / 塩肉じゃが / 味噌じゃが ─────── 66
じゃがコロ / ポテサラ / 五目長芋 ──────── 67
おさつカレー / 甘辛おさつ / 味噌おさつ ───── 68
かぼちゃ煮 / かぼちゃサモサ / 冬至かぼちゃ ─── 69
白菜と豚肉の中華風 / ごま白菜 / 鶏ごぼう ──── 70
味噌きりぼし / カレー風味のきりぼし / 辛味大根の旨味噌 ── 71
味噌大根 / れんこん / ねぎ玉味噌 ──────── 72
五目野沢菜 / 味噌野沢菜 / 野沢菜の中華風 ──── 73
ツナかぶ / 野沢菜かぶ ──────────── 74
あっさり中華きのこ / 洋風きのこソテー / 麻婆風えのきステーキ ── 75
五目炒り豆腐 / 味噌おから / おからサラダ ──── 76
黒糖入り小豆 / 月餅 / 金時豆 ───────── 77
黄身あん / くるみあん / いきなり団子風 ───── 78
りんご＆バナナ / ピリ辛りんご / チョコあん ─── 79

具の味索引 ……………………… 80

もっと上手に作りたい！…… 81
生地の丸め方・包み方講座 ─────── 82
おやきのQ＆A ─────────── 89

あとがき

「おやき」とは

「おやき」は一言で説明することが、とても難しい食べ物です。
なぜかと言うと、焼き色がついてかたいものもあれば、
真っ白い蒸かしまんじゅうのようなやわらかいものもある。
甘い小豆のおやきもあれば、しょっぱい野菜のおやきもある。
まん丸なおやきもあれば、平べったいおやきもある。
そのすべてが「おやき」だからです。
しいて言えば、「形が丸くて、具が入った粉もの」ぐらい。
千差万別な「おやき」ですが、実はとても奥深いのです。

「おやき」は本来、焼いていたから「お焼き」であり、「焼餅」とも呼ばれていますが、ルーツは灰焼きおやき。
そして、おやきを作るのに欠かせなかったのが「囲炉裏」の存在です。
燃料となる薪や炭がふんだんにある山間部では「家が途絶える」ことを嫌って、
囲炉裏の火は1年中絶えることがありませんでした。
その囲炉裏の自在鉤に下げた焙烙でおやきの表面を照らし、
薪の燃えさしである熾や、灰の中で蒸し焼きにしていました。
夏場の農繁期には調理時間を短くするために、
鍋のお湯におやきを投げ入れて水餃子のようにゆでて食べることもあったといいます。
片や、水稲作が中心の盆地では、「かまど」で調理が行われてきました。
山間部では豊富にある薪や炭も、盆地や平地では量の確保が難しく、燃料は麦のわらや樹木の枝です。
ですから、短時間で作ることができる「蒸かしおやき」が主流で、
せんべい状に焼き上げる「薄焼き」「焼きせんべい」「こねつけ」などもよく作られました。
「蒸かしおやき」は家の中でおやつなどとして食べられることが多く、
歯ごたえをやわらかくしたり、ふっくらさせたりと食べやすいものになっていきました。
昔から伝えられてきた作り方が、山と里では違うものの、
日常食として、また行事食として、「おやき」は長きにわたり人々に愛されているのです。

「小麦粉」とは

小麦粉は、小麦を挽いて作られる穀物の粉です。

小麦粉の成分の約1割はタンパク質です。

小麦粉のタンパク質の大部分は、水を加えてこねることで「グルテン」に変わります。

このグルテンが、「もちもち」「ぷりぷり」「さくさく」といった小麦粉独特の食感を特徴づけていて、

ほかの穀物にはない成分なのです。

小麦粉は、含まれるタンパク質の割合と、小麦品種によって形作られるグルテンの性質によって分類されます。

強力粉は、グルテンの量が多く、弾力や粘りのようなグルテンの代表的な性質が強い粉です。

粒が硬い硬質小麦から加工され、水を加えてこねた時の粘りと弾力はとても強く、

パン・中華麺・パスタ・餃子の皮などに使用します。

ほどほどの硬さがある中間質小麦から作られるのが中力粉です。

グルテンの量も質も中くらいで、こねた時の伸びが特徴。うどん・おやき・お好み焼などに使います。

粒がやわらかく、タンパク質が少ない軟質小麦からは、薄力粉が作られます。

水でこねた時、適度にやわらかく、天ぷらやケーキ・洋菓子向きです。

小麦の表皮、胚芽、胚乳をすべて粉にした小麦粉は全粒粉と呼び、

食物繊維、ミネラル、ビタミン、鉄分等を多く含みます。

日本では小麦粉をタンパク質の割合とグルテンの性質で分類する一方で、フランスでは灰分量、

アメリカでは小麦の加工方法で分類します。

国産小麦は外国産小麦に比べて吸水量が低く、小麦の味がしっかりしています。

長野県は、一世帯あたりの小麦粉年間消費量が全国でもトップクラス。

「おやき」だけでなく、「うどん」「すいとん」「薄焼き」など、いまも伝統的な粉もの文化が息づいています。

地元で製粉・消費される「地粉」の生産も盛んで、県内では現在、独自の小麦粉が7銘柄も作られています。

信州で粉食文化が盛んであることの現れです。

小麦の味や食感は、産地より小麦の種類で違いが生まれます。食べ比べながら好みの小麦を探してください。

おやき作りに使う道具

この本で使っている調理道具を集めました。
おやきづくりに必要なのは、
キッチンにある基本的な道具ですが、
「粉をこねる時は菜箸を握り箸で使う」
「スケッパーが重宝する」など、
おやきづくりのコツも道具から。
ふるいの代わりに泡立て器を使って粉をふるうなど、
目からうろこのアイデアもたくさん。
自分が作りやすく、使いやすい道具を用意しましょう。

ふるい・泡だて器
たくさん作る場合は、ふるいを使って小麦粉をふるいます。少量の場合は、ボールに小麦粉を入れ、泡だて器でよくかき混ぜてもOKです。

はかり
デジタルはかりが便利です。0.5g単位で測れるものがおすすめです。

菜箸
2〜3膳用意しておきましょう。生地をこねる時に「握り箸」で使います。

計量カップ
耐熱強化プラスチック製カップが便利です。ただ、生地の水分はカップ計量ではなく、はかりで重量を計りましょう。

計量スプーン
大さじ、小さじ、小さじ1/2の3本セットが便利です。

ボウル
生地をこねるのに使います。ステンレス、プラスチック、ガラス製などなんでもOK。少し大きめの方がこねやすく、ガラスは生地がくっつき易いのが難点です。

ゴムべら・スクレーパー
ボウルから生地を取り出したり、壁面の生地をそぎ落したりする時に使います。プラスチック製の硬めのものがおすすめです。

スケッパー・カード
生地をボウルから取り出したり、包丁の代わりに生地を分割する時、重宝します。

ふきん

薄手の木綿ふきんは野菜などの水分を絞る時に、厚手で大型のふきんは蒸し器のフタにかませて露除けに使います。

小鍋

少量の具をゆでたり、生地用の熱湯を用意したりするのに重宝です。

まな板

生地を分割したり、伸ばしたりする時に使います。おやき用には小型で薄いまな板がおすすめです。

トレイ

具を丸めて置いたり、生地を分割して並べたりする時に使います。テーブルに必ず用意しておきましょう。

せんぞ突き・千切り器

伝統器な調理器で、野菜の繊維を壊してカットするので、包丁の千切りよりも味が浸みこみやすく、具も丸めやすくなります。

フライパン

フタ付きのフッ素樹脂（テフロン）フライパンが便利です。くれぐれも空焚きしないように注意しましょう。鉄製フライパンを使う時は、少し多めに油を回します。

フライ返し

フライパンでおやきを焼いたり、返したりする時に便利です。蒸かし上がったおやきを蒸し器から取り出す時も使えます。使いやすいのは小型のものです。

蒸し器

ステンレス製やアルミ製などに違いはありません。何回も蒸かす場合は、熱湯が蒸発して空焚きになる恐れがあるので、途中で水分量を確認しましょう。

おやき生地

小麦粉でつくるおやきの生地。

小麦粉の種類、加える水の量や温度、加える食材、

さらには、焼く・蒸すなど加熱の方法を変えることで、

さまざまな食感を表現することができます。

この本では、

昔ながらの中力粉（地粉）を使って

焼き

蒸かし(膨らし粉なし)

蒸かし(膨らし粉入り)

焼き蒸かし

という4種の基本製法でつくるほか、

近年、国内で作られるようになった強力粉を使ったり、

補助食材を入れることで、バリエーション豊かな食感を楽しみます。

「もちもち」から「ぷりぷり」「さくさく」まで、

あなたの好みはどれでしょうか。

17種類の生地のつくり方と5種類の加熱方法を紹介します。

凡例

・材料は10個分ですが、少し多めの量を提示しました。 慣れてくると、10個以上作れるようになります。

・水の量は、カップでの計量だと目線によって誤差が生じるため、より正確な重量（g）表記としました。

・生地の丸め方、包み方は、p82～で詳しく説明しました。

・生地を休ませる時間の目安は、中力粉30分、強力粉1時間です。冬場は長めに、夏場特に暑い時期
　は冷蔵庫で休ませましょう。

・焼き時間、蒸し時間の中で、**(生)** は火が通っていない具、**(加熱)** は火が通っている具、**(餡)** はあん
　こ類の場合です。

基本 焼き

中力粉 ＋ ぬるま湯

焼き色がついたパリパリッの焼きおやきです。
油をひかずに焼き上げた、熱々パリパリ感がたまりません！
冷めるとゴワバリとかたくなるので、出来立て熱々がおススメ。

材料 [10個分]

	分量(g)	重量比率(%)
中力粉（地粉）	300	100
ぬるま湯	180	60

下準備
・ボウルにふるった中力粉を入れる。
・手粉1/3カップ分をボウルに入れる。
・打ち粉適量をトレイに振る。
・湯を調温する。

温度と時間

ぬるま湯温度	32℃（夏）／38℃（冬）
仕上がり生地温度	30℃
休ませる時間	30分
焼き時間	表裏計25分（生）／表裏計15分（加熱）

1. 中力粉の入ったボウルに、ぬるま湯9割を入れる。

4. ぬらした手を入れて、しっかりこねる。

2. 菜箸4本を握り、水分を回すようにグルグルとゆっくりかき混ぜる。

5. 表面にツヤが出るようによく練って、グルテンを出す。

ボウルの壁面についた粉はヘラでこそぎ取ります

3. 水分が見えなくなったら残りの湯1割を入れ、ある程度ひとかたまりになるまでグルグル混ぜる。

菜箸についた粉は、1本ずつ手で取ります

6. 生地を丸くまとめたら、ボウルに入れたままラップをかけて、30分常温に置いて生地を休ませる。

「おやき」と言えば、昔ながらの「焼きおやき」。かみ締めるほどに小麦の味がわかります。

休ませている間、生地の内部ではグルテンが小麦粉の組織を規則的に並ばせているのじゃ

グルテンの働きで生地が伸びるようになるのじゃ！

12. 具を中央に置き、周りを引き伸ばしながら、生地を中心にまとめ上げる。

7. 手粉をつけて生地を取り出す。

13. 口を閉じる。詳しい包み方はp84「生地の包み方講座」参照。

14. 厚手のフライパンを熱し、油を敷かずにおやきを並べる。

ホットプレートの場合は140℃でフタをして両面各10分焼きます

8. 円筒形に伸ばして、まな板に置く。

15. フタをして、極弱火で片面を焼き、きつね色程度の焼き色をつける。

9. 包丁でおよそ10等分に切り分けてから、大きさをそろえる。

16. 表面が乾き始めたら上下を裏返し、焦がさないように火加減を見ながら、もう片面を焼く。

10. 表面がなめらかになるまで、丸めながら整形し、粉を振ったトレイに並べる。詳しい丸め方はp 82を参照。

11. 生地を両手に挟んで、軽くつぶしてから、中央を厚く、周囲を薄く伸ばす。

できあがり

焼き

強力粉 + ぬるま湯

強力粉に変えるだけで、パリパリ感、モチモチ感がグレードアップ！
グルテンが強いので弾くような歯ごたえです。
熱々のうちに召し上がれ。

材料 [10個分]

	分量(g)	重量比率(%)
強力粉	300	100
ぬるま湯	195	65

下準備
・ボウルにふるった強力粉を入れる。
・手粉1/3カップ分をボウルに入れる。
・打ち粉適量をトレイに振る。
・湯を調温する。

こねる時の注意
強力粉はグルテンが強いので、よくこねても生地に少しムラがある感じがします。生地を長めに休ませるとしっとり滑らかになります。

温度と時間

ぬるま湯温度	32℃（夏）／38℃（冬）
仕上がり生地温度	30℃
休ませる時間	30分と15分
焼き時間	表裏計25分(生)／表裏計15分(加熱)

1. 強力粉の入ったボウルに、ぬるま湯9割を入れる。

4. ぬらした手を入れて、しっかりこねる。

2. 菜箸4本を握り、水分を回すようにグルグルとゆっくりかき混ぜる。

5. 表面にツヤが出るようによく練って、グルテンを出す。

ボウルの壁面についた粉はヘラでこそぎ取ります

3. 水分が見えなくなったら残りの湯1割を入れ、ある程度ひとかたまりになるまでグルグル混ぜる。

菜箸についた粉は、1本ずつ手で取ります

6. 生地を丸くまとめたら、ボウルに入れたままラップをかけて、30分常温に置いて生地を休ませる。

Before
After

休ませている間、生地の内部ではグルテンが小麦粉の組織を規則的に並ばせているのじゃ

グルテンの働きで生地が伸びるようになるのじゃ！

7. 手粉をつけて生地を取り出す。

12. 生地を両手に挟み軽く潰してから、中央を厚く周りを薄く伸ばす。

8. 円筒形に伸ばして、まな板に置く。

13. 具を中央に置き、周りを引き延ばしながら中心にまとめ上げる。詳しい包み方はP84「生地の包み方講座」参照。

9. 包丁でおよそ10等分に切り分けてから、大きさをそろえる。

14. 厚手のフライパンを熱し、油を敷かずにおやきを並べる。

ホットプレートの場合は140℃でフタをして両面各10分焼きます

10. 表面がなめらかになるまで、丸めながら整形し、粉を振ったトレイに並べる。詳しい丸め方はp82を参照。

15. フタをして極弱火で片面を焼き、きつね色程度の焼き色をつける。

17. 表面が乾き始めたら上下返して、焦がさないように火加減を見ながら、もう片面を焼く。

11. 生地を並べたトレイにラップをかけ、さらに15分置いてグルテンを完全に休ませる。

できあがり

15

焼き

ベーキングパウダー
&強力粉 ＋ ぬるま湯

ベーキングパウダーを入れると、パリパリ感が増して冷めてもかたくなりにくく、焼き直しもOK！
気泡を潰さないように、生地はやさしく扱いましょう。

材料 [10 個分]	分量(g)	重量比率(%)
強力粉（地粉）	300	100
ベーキングパウダー	6	2
ぬるま湯	195	65
きび糖	6	2

下準備
・粉とベーキングパウダーが均等に混ざるようにしっかりふるって、ボウルに入れる。
・手粉1/3カップ分をボウルに入れる。
・打ち粉適量をトレイに振る。
・湯を調温し、きび糖を溶かす。

こねる時の注意
少量のきび糖が入るだけでこねる感触が変わります。少しベタつき感がある生地なので、手にたくさんついてしまった時はゴムベラで落とし、手を1回洗いましょう。

温度と時間

ぬるま湯温度	32℃（夏）／38℃（冬）
仕上がり生地温度	30℃
休ませる時間	特になし
焼き時間	表裏計25分(生)／表裏計15分(加熱)

1. 強力粉とベーキングパウダーの入ったボウルに、きび糖を溶かしたぬるま湯9割を入れる。

2. 菜箸4本を握り、水分を回すようにグルグルとゆっくりかき混ぜる。

4. ぬらした手を入れて、しっかりこねる。

5. 表面にツヤが出るようによく練って、グルテンを出す。

ボウルの壁面についた粉はヘラでこそぎ取ります

3. 水分が見えなくなったら残りの湯1割を入れ、ある程度ひとかたまりになるまでグルグル混ぜる。

菜箸についた粉は、1本ずつ手で取ります

6. 生地を丸くまとめる。

7. 手粉をつけて生地を取り出す。

14. 厚手のフライパンを熱し、油を敷かずにおやきを並べる。

ホットプレートの場合は140℃でフタをして両面各10分焼きます

8. 円筒形に伸ばしてまな板に置く。

15. フタをして、極弱火で片面を焼き、きつね色程度の焼き色をつける。

9. 包丁でおよそ10等分に切り分けてから、大きさをそろえる。

16. 表面が乾き始めたら上下を裏返し、焦がさないように火加減を見ながら、もう片面を焼く。

10. 表面がなめらかになるまで、丸めながら整形し、粉を振ったトレイに並べる。詳しい丸め方はp 82を参照。

できあがり

11. 最初に丸めた生地から順番に両手に挟み軽く潰してから、中央を厚く周りを薄く伸ばす。

全部丸めるのにかかる時間が、生地を休ませる時間になるのじゃ

12. 具を中央に置き、周りを引き伸ばしながら、生地を中心にまとめ上げる。

13. 口を閉じる。詳しい包み方はp84「生地の包み方講座」参照。

焼き

ドライイースト&強力粉 ＋ ぬるま湯

パンに近い食感のおやきが好きな方にはこれ。
ほんの少しのイースト菌でモッチリパリ感も膨らみます。
温度管理に気を付けて、発酵は十分に。焼き直しもできます。

材料 [10個分]	分量(g)	重量比率(%)
強力粉	300	100
インスタントドライイースト	2	0.6
ぬるま湯	195	60
きび糖	6	2

下準備
・粉とドライイーストが均等に混ざるようにしっかりふるって、ボウルに入れる。
・手粉1/3カップ分をボウルに入れる。
・打ち粉適量をトレイに振る。
・湯を調温し、きび糖を溶かす。
・10cm四方のクッキングシート10枚を用意する。

こねる時の注意
きび糖とイーストでベタつきが増しますが、よくこねると感触が変わってきます。少し長めにこねましょう。

温度と時間

ぬるま湯温度	32℃(夏)／38℃(冬)
仕上がり生地温度	30℃
発酵時間	30分×2
蒸し時間	表裏計25分(生)／表裏計15分(加熱)

1. 強力粉とドライイーストの入ったボウルに、きび糖を溶かしたぬるま湯9割を入れる。

4. ぬらした手を入れて、しっかりこねる。

2. 菜箸4本を握り、水分を回すようにグルグルとゆっくりかき混ぜる。

5. 表面にツヤが出るようによく練って、グルテンを出す。

ボウルの壁面についた粉はヘラでこそぎ取ります

3. 水分が見えなくなったら残りの湯1割を入れ、ある程度ひとかたまりになるまでグルグル混ぜる。

菜箸についた粉は、1本ずつ手で取ります

6. ボウルに入れたままラップをかけて30分、1次発酵させる。

室温が低い時はボウルごと、熱湯を入れた小さい器と一緒にスチロール箱に入れて発酵させます

Before

After

イーストを入れた生地はデリケートだから、発酵後は伸ばしたり引っ張ったりしてはだめなのじゃ

12. 最初に丸めた生地から順番に両手に挟み軽く潰してから、中央を厚く周りを薄く伸ばす。

13. 具を中央に置き、周りを引き伸ばしながら、生地を中心にまとめ上げる。詳しい包み方はp84「生地の包み方講座」参照。

7. 手粉をつけて生地を取り出す。

室温が低い時や2回以上に分けて焼く時は、クッキングシートにのせたままスチロール箱に入れて保存します。取り出す時は手でつかまずにフライ返しを使ってください

14. クッキングシートに載せて、厚手のフライパンに油を敷かずに並べ、フタをして30分、2次発酵させる。

8. 円筒形に伸ばしてまな板に置く。

15. フタをして極弱火で片面を焼き、きつね色程度の焼き色をつける。

ホットプレートの場合は140℃でフタをして両面各10分焼きます

9. 包丁でおよそ10等分に切り分けてから、大きさをそろえる。

16. 表面が乾き始めたら上下返して、焦がさないように火加減をみながら、クッキングシートを取ってもう片面を焼く。

10. 表面がなめらかになるまで、丸めながら整形し、粉を振ったトレイに並べる。詳しい丸め方はp82を参照。

11. 生地を並べたトレイに濡れ布巾をかける。

全部丸めるのにかかる時間が、生地を休ませる時間になるのじゃ

できあがり

基本 膨らし粉なし
蒸かし

中力粉 + ぬるま湯

出来立てのモッチリ感はピカイチ！ モチプリおやき好きにおススメです。
生地を伸ばして薄く包みましょう。
熱々のうちにラップをすれば、かたくなるのをある程度防げます。

材料 [10個分]

	分量(g)	重量比率(%)
中力粉（地粉）	300	100
ぬるま湯	180	60

下準備
・ボウルにふるった中力粉を入れる。
・手粉1/3カップ分をボウルに入れる。
・湯を調温する。
・10cm四方のクッキングシート10枚を用意する。

温度と時間

ぬるま湯温度	32℃（夏）／38℃（冬）
仕上がり生地温度	30℃
休ませる時間	30分
蒸かし時間	15分(生)／10分(加熱)／8分(餡)

1. 中力粉の入ったボウルに、ぬるま湯9割を入れる。

4. ぬらした手を入れて、しっかりこねる。

2. 菜箸4本を握り、水分を回すようにグルグルとゆっくりかき混ぜる。

5. 表面にツヤが出るようによく練って、グルテンを出す。

ボウルの壁面についた粉はヘラでこそぎ取ります

3. 水分が見えなくなったら残りの湯1割を入れ、ある程度ひとかたまりになるまでグルグル混ぜる。

菜箸についた粉は、1本ずつ手で取ります

6. 生地を丸くまとめたら、ボウルに入れたままラップをかけて、30分常温に置いて生地を休ませる。

シンプルに蒸すだけ。里では薪が貴重だったので「焼き」より「蒸かし」が主流でした。

休ませている間、生地の内部ではグルテンが小麦粉の組織を規則的に並ばせているのじゃ

グルテンの働きで生地が伸びるようになる

12. 具を中央に置き、周りを引き伸ばしながら、生地を中心にまとめ上げる。

7. 手粉をつけて生地を取り出す。

13. 口を閉じる。詳しい包み方は p84「生地の包み方講座」参照。

8. 円筒形に伸ばして、まな板に置く。

14. クッキングシートに載せて、蒸し器に並べる。

9. 包丁でおよそ10等分に切り分けてから、大きさをそろえる。

15. フタをして、強火で8〜15分蒸かす。

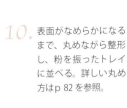

10. 表面がなめらかになるまで、丸めながら整形し、粉を振ったトレイに並べる。詳しい丸め方はp 82を参照。

できあがり

11. 生地を両手に挟んで、軽くつぶしてから、中央を厚く、周囲を薄く伸ばす。

蒸かし上がったら、すぐに1個ずつラップにくるみます

膨らし粉なし
蒸かし

中力粉 + 熱湯

熱湯で小麦粉を練る「湯ごねおやき」は、やわらかモッチリの歯ごたえ。
出来立てはやわらかすぎるので、粗熱が取れてから召し上がれ。
冷めてもかたくなりにくく、ラップは表面が乾いてからかけましょう。

材料 [10個分]

	分量(g)	重量比率(%)
中力粉（地粉）	300	100
熱湯	300	100

こねる時の注意
熱湯をいれた瞬間に糊（のり）状になるので、菜箸で混ぜる時に負荷がかかります。混ぜすぎるとベタベタになるので気を付けて。

下準備
・ボウルにふるった中力粉を入れる。
・手粉1/3カップ分をボウルに入れる。
・水を小鍋に入れ、作る直前に沸騰させる。
・10cm四方のクッキングシート10枚を用意する。

温度と時間

湯温度	100℃
仕上がり生地温度	20℃
冷やし時間	冷えるまで
蒸かし時間	15分(生)／10分(加熱)／8分(餡)

1. 中力粉が入ったボウルに、熱湯の2/3を入れる。

2. 菜箸4本を握り、水を回すようにグルグルとゆっくりかき混ぜる。

残りの熱湯の温度が下がらないように、そのまま弱火にかけておきます

3. 残りの熱湯1/3を入れる。

湯の温度が下がると生地がべたつきます

4. さらに菜箸である程度ひとかたまりになるようにかき混ぜる。

5. 湯が全体に回ったら菜箸を外して、温度が下がるまで濡れ布巾をかけて置いておく。

6. 手が入る温度に下がったら、表面が滑らかになるようにゆっくりとこねる。

こねすぎるとベタつきます

7. 粉を振ったトレイに広げて濡れ布巾をかけ、1時間ほど冷ます。出来上がり温度20℃。冷蔵庫に入れてもよい。

14. 具を中央に置き、周りの生地を立ち上げてひだを寄せながらまとめる。

8. 手粉をつけて生地を取り出す。

15. 口を閉じる。詳しい包み方はp88「生地の包み方講座」参照。

9. 円筒形に伸ばしてまな板に置く。

16. クッキングシートに載せて蒸し器に並べる。

10. 包丁でおよそ10等分に切り分けてから、大きさをそろえる。

17. 強火で8〜15分蒸かす。

11. 表面がなめらかになるまで、丸めながら整形し、粉を振ったトレイに並べる。詳しい丸め方はp82を参照。

12. 打ち粉したまな板に丸めた生地を置き、めん棒を押しあてる。

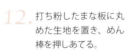

13. 中心を厚く周辺を薄くなるように、生地を丸く伸ばす。

蒸かし上がったら、1個ずつラップにくるみます

膨らし粉なし
蒸かし

中力粉＋熱湯 ＋ 中力粉＋水

湯ごね生地と水ごね生地の合体型おやき。
熱々のうちはモチモチ、冷めればプリプリ。
蒸かし直しも焼き直しもできて、粉だけで作る生地の万能タイプ。

材料 [10個分]

	分量(g)	重量比率(%)
中力粉（地粉）	150×2	100
熱湯【a】	150	50
水【b】	75	25

こねる時の注意
水ごね生地に湯ごね生地を入れると、最初は分離します。慌てずゆっくりとこねるとしっとりとまとまってきます。

下準備
・ふたつのボウルにふるった中力粉半量ずつを入れる。
・手粉 1/3 カップ分をボウルに入れる。
・【a】の水を小鍋に入れ、作る直前に沸騰させる。
・打ち粉適量をトレイに振る。
・10cm四方のクッキングシート10枚を用意する。

温度と時間

湯温度	100℃【a】 水道水【b】
仕上がり生地温度	20℃
休ませる時間	冷えるまでと30分
蒸かし時間	15分（生）／10分（加熱）／8分（餡）

1. 半量の中力粉が入ったボウルに、熱湯の 2/3 を入れる。

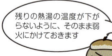
残りの熱湯の温度が下がらないように、そのまま弱火にかけておきます

4. さらに菜箸でゆっくりひとかたまりになるようにかき混ぜる。

2. 菜箸4本を握り、水を回すようにグルグルとゆっくりかき混ぜる。

5. 湯が全体に回ったら菜箸を外して、温度が下がるまで濡れ布巾をかけて置いておく。

3. 残りの熱湯 1/3 を入れる。

湯の温度が下がると生地がべたつきます

6. 手が入る温度に下がったら、表面が滑らかになるようにゆっくりとこねる。

こねすぎるとベタつきます

7. 粉を振ったトレイに広げて濡れ布巾をかけ、1時間ほど冷ます。出来上がり温度20℃。冷蔵庫に入れてもよい。

12. 生地を10等分に切り分け、表面がなめらかになるまで丸めながら整形して、粉を振ったトレイに並べる。詳しい丸め方はp 82を参照。

8. 大きめのボウルに、残りの中力粉を入れて、水の2/3を注ぐ。

13. 並べた順に生地を両手に挟んで軽くつぶし、中央を厚く周りを薄く伸ばす。

9. 菜箸4本を握り、グルグルとゆっくりかき混ぜる。

14. 具を中央に置き、周りの生地を立ち上げてひだを寄せながらまとめる。詳しい包み方はp84「生地の包み方講座」参照。

10. 残りの水1/3を入れて、菜箸でさっくりと混ぜる。

15. クッキングシートに載せて蒸し器に並べる。

11. 菜箸を抜いてから、7を入れて手でしっかりと混ぜ、表面がなめらかになったら丸くまとめ、ラップをかけて30分休ませる。

16. 強火で8〜15分蒸かす。

水でこねた半量分の小麦粉のグルテンが働いているのじゃ

蒸かし上がったら、1個ずつラップにくるみます

膨らし粉なし
蒸かし

強力粉 ＋ 白玉粉＆ぬるま湯

糯系の白玉粉でモチプリ感がアップ！
合体型と似た食感ながら、作り方は簡単。
白玉粉の代わりに雑穀ペーストを入れてもおいしくできます。

材料[10個分]

	分量(g)	重量比率(%)
強力粉	250	100
ぬるま湯	195	78
白玉粉	50	20

下準備
・ボウルにふるった強力粉を入れる。
・手粉1/3カップ分をボウルに入れる。
・湯を調温する。
・10cm四方のクッキングシート10枚を用意する。

こねる時の注意
とてもこねやすい生地です。表面がなめらかになるまでしっかりこねましょう。

温度と時間

ぬるま湯温度	32℃(夏)／38℃(冬)
仕上がり生地温度	30℃
休ませる時間	30分
蒸かし時間	15分(生)／10分(加熱)／8分(餡)

1. 白玉粉の入ったボウルにぬるま湯全量を少しずつ入れて溶く。

2. 別のボウルに強力粉を入れる。

3. 2に白玉粉を溶かしたぬるま湯9割を入れる。

4. 菜箸4本を握り、グルグルとゆっくりかき混ぜたら、残りの湯1割を入れて、菜箸である程度ひとかたまりになるまでかき混ぜる。

5. ぬらした手を入れて、しっかりこねる。

6. 表面にツヤが出て来るようによく練って、グルテンを出す。ボウルに入れたままラップをかけて30分常温に置いて生地を休ませる。

Before / After

7. 手粉をつけて生地を取り出し、円筒形に伸ばしてまな板に置く。

8. 包丁でおよそ10等分に切り分けてから、大きさをそろえる。

9. 表面がなめらかになるまで丸めながら整形して、粉を振ったトレイに並べる。詳しい丸め方はp82を参照。

10. 並べた順に生地を両手に挟んで軽くつぶし、中央を厚く周りを薄く伸ばす。

11. 具を中央に置き、周りを引き伸ばしながら、生地を中心にまとめ上げる。

12. 口を閉じる。詳しい包み方はp84「生地の包み方講座」参照。

13. クッキングシートにのせて蒸し器に並べる。

14. 強火で8〜15分蒸かす。

できあがり

蒸かし上がったら、すぐに1個ずつラップにくるみます

基本 膨らし粉入り 蒸かし

ベーキングパウダー
＆中力粉 ＋ ぬるま湯

肉まんタイプのふっくら蒸かしおやき。
熱々でも冷めても食感は変わりませんが、蒸かし過ぎに注意して！
生地を練ったらなるべく早く具を包みましょう。

材料 [10個分]

	分量(g)	重量比率(%)
中力粉（地粉）	300	100
ベーキングパウダー	9	3
ぬるま湯	180	60
きび糖	6	2

下準備

- 粉とベーキングパウダーが均等に混ざるようにしっかりふるって、ボウルに入れる。
- 手粉1/3カップ分をボウルに入れる。
- 打ち粉適量をトレイに振る。
- 湯を調温し、きび糖を溶かす。
- 10cm四方のクッキングシート10枚を用意する。

温度と時間

ぬるま湯温度	32℃（夏）／38℃（冬）
仕上がり生地温度	30℃
乾燥時間	10分
蒸かし時間	15分(生)／10分(加熱)／8分(餡)

1. 中力粉とベーキングパウダーの入ったボウルに、きび糖を溶かしたぬるま湯9割を入れる。

4. ぬらした手を入れて、しっかりこねる。

2. 菜箸4本を握り、水分を回すようにグルグルとゆっくりかき混ぜる。

5. 表面にツヤが出るようによく練って、グルテンを出す。

3. 残りの湯1割を入れて、菜箸である程度ひとかたまりになるまでかき混ぜる。

6. ボウルの壁面についた粉をヘラでこそぎ取る。

菜箸についた粉は、1本ずつ手で取ります

膨らし粉を入れて饅頭のようにふっくら。明治以降に重曹を入れるようになりました。

7. 手粉を付けて、生地を取り出す。

8. 円筒形に伸ばして、まな板に置く。

9. 包丁でおよそ10等分に切り分けてから、大きさをそろえる。

10. 表面がなめらかになるまで、丸めながら整形し、粉を振ったトレイに並べる。詳しい丸め方はp82を参照。

11. 最初に丸めた生地から順番に両手に挟んで、軽くつぶしてから、中央を厚く、周囲を薄く伸ばす。

12. 具を中央に置き、周りを引き伸ばしながら、生地を中心にまとめ上げる。

13. 口を閉じる。詳しい包み方はp84「生地の包み方講座」参照。

14. クッキングシートに載せて蒸し器に並べ、フタをせずに10分間乾燥させる。

乾燥させることで表面に照りが出ます！

15. 蒸し器のフタに布をかませてから、強火で8〜15分蒸かす。

粗熱が取れたら、1個ずつラップにくるみます

全部丸めるのにかかる時間が、生地を休ませる時間になるのじゃ

できあがり

29

膨らし粉入り 蒸かし

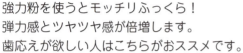
ベーキングパウダー&強力粉 ＋ ぬるま湯

強力粉を使うとモッチリふっくら！
弾力感とツヤツヤ感が倍増します。
歯応えが欲しい人はこちらがおススメです。

材料 [10個分]

	分量(g)	重量比率(%)
強力粉	300	100
ベーキングパウダー	12	4
ぬるま湯	195	65
きび糖	6	2

下準備

・粉とベーキングパウダーが均等に混ざるようにしっかりふるって、ボウルに入れる。
・手粉1/3カップ分をボウルに入れる。
・打ち粉適量をトレイに振る。
・湯を調温し、きび糖を溶かす。
・10cm四方のクッキングシート10枚を用意する。

こねる時の注意

強力粉はグルテンが強く、入る水分量も多いので、生地がやわらかくベタつきます。菜箸でグルグルとしっかりこねてから、手を入れてムラを伸ばします。

温度と時間

ぬるま湯温度	32℃（夏）／38℃（冬）
仕上がり生地温度	30℃
乾燥時間	10分
蒸かし時間	15分（生）／10分（加熱）／8分（餡）

1. 強力粉とベーキングパウダーの入ったボウルに、きび糖を溶かしたぬるま湯9割を入れる。

4. ぬらした手を入れて、しっかりこねる。

2. 菜箸4本を握り、水を回すようにグルグルとゆっくりかき混ぜる。

5. 表面にツヤが出るようによく練って、グルテンを出す。

3. 残りの湯1割を入れて、菜箸である程度ひとかたまりになるまでかき混ぜる。

菜箸についた粉は、1本ずつ手で取ります

6. ボウルの壁面についた粉をヘラでこそぎ取る。

7. 手粉を付けて、生地を取り出す。

14. クッキングシートに載せて蒸し器に並べ、フタをせずに10分間乾燥させる。

乾燥させることで表面に照りが出ます！

8. 円筒形に伸ばしてまな板に置く。

15. 蒸し器のフタに布をかませてから、強火で8～15分蒸かす。

9. 包丁でおよそ10等分に切り分けてから、大きさをそろえる。

できあがり

粗熱が取れたら、1個ずつラップにくるみます

10. 表面がなめらかになるまで、丸めながら整形し、粉を振ったトレイに並べる。詳しい丸め方はp82を参照。

11. 最初に丸めた生地から順番に両手に挟んで、軽くつぶしてから、中央を厚く、周囲を薄く伸ばす。

全部丸めるのにかかる時間が、生地を休ませる時間になるのじゃ

12. 具を中央に置き、周りを引き伸ばしながら、生地を中心にまとめ上げる。

13. 口を閉じる。詳しい包み方はp84「生地の包み方講座」参照。

膨らし粉入り 蒸かし

ベーキングパウダー&中力粉 + 重曹&ぬるま湯

重曹を少し入れると、昔懐かしいモチフワッ感。
生地が少し黄色になって「ソーダまんじゅう」のよう。
不思議とレトロ感のあるおやきです。

材料 [10個分]

	分量(g)	重量比率(%)
中力粉（地粉）	300	100
ベーキングパウダー	6	2
ぬるま湯	180	60
重曹	3	1
きび糖	6	2

下準備

- 粉とベーキングパウダーが均等に混ざるようにしっかりふるって、ボウルに入れる。
- 手粉1/3カップ分をボウルに入れる。
- 打ち粉適量をトレイに振る。
- 湯を調温し、重曹ときび糖を溶かす。
- 10cm四方のクッキングシート10枚を用意する。

温度と時間

ぬるま湯温度	32℃（夏）／38℃（冬）
仕上がり生地温度	30℃
乾燥時間	10分
蒸かし時間	15分（生）／10分（加熱）／8分（餡）

こねる時の注意

こねやすい生地ですが、あまりこねているとベーキングパウダーの活動が弱まるので、手早くまとめましょう。

1. 中力粉とベーキングパウダーの入ったボウルに、きび糖と重曹を溶かしたぬるま湯9割を入れる。

4. ぬらした手を入れて、しっかりこねる。

2. 菜箸4本を握り、水を回すようにグルグルとゆっくりかき混ぜる。

5. 表面にツヤが出るようによく練って、グルテンを出す。

3. 残りの湯1割を入れて、菜箸である程度ひとかたまりになるまでかき混ぜる。

菜箸についた粉は、1本ずつ手で取ります

6. ボウルの壁面についた粉をヘラでこそぎ取る。

7. 手粉を付けて、生地を取り出す。

14. クッキングシートに載せて蒸し器に並べ、フタをせずに 10 分間乾燥させる。

乾燥させることで表面に照りが出ます！

8. 円筒形に伸ばしてまな板に置く。

15. 蒸し器のフタに布をかませてから、強火で 8〜15 分蒸かす。

9. 包丁でおよそ 10 等分に切り分けてから、大きさをそろえる。

できあがり

10. 表面がなめらかになるまで、丸めながら整形し、粉を振ったトレイに並べる。詳しい丸め方はp 82 を参照。

粗熱が取れたら、1 個ずつラップにくるみます

11. 最初に丸めた生地から順番に両手に挟んで、軽くつぶしてから、中央を厚く、周囲を薄く伸ばす。

全部丸めるのにかかる時間が、生地を休ませる時間になるのじゃ

12. 具を中央に置き、周りを引き伸ばしながら、生地を中心にまとめ上げる。

13. 口を閉じる。詳しい包み方はp84「生地の包み方講座」参照。

膨らし粉入り 蒸かし

ドライイースト ＆ 強力粉 ＋ ぬるま湯

やわらかさはダントツ！
蒸しパン風のふんわりフワフワ感おやき。
イースト入りの生地はやさしく扱いましょう。

材料 [10個分]

	分量(g)	重量比率(%)
強力粉	300	100
インスタントドライイースト	3	1
ぬるま湯	195	65
きび糖	15	5
自然塩	3	1

こねる時の注意

パン生地と同じ扱いです。菜箸を抜いたら手を入れて、全体にムラがなく同じやわらかさになるまでしっかりこねましょう。

下準備

・粉とドライイーストが均等に混ざるようにしっかりふるって、ボウルに入れる。
・手粉1/3カップ分をボウルに入れる。
・打ち粉適量をトレイに振る。
・湯を調温し、きび糖と塩を溶かす。
・10cm四方のクッキングシート10枚を用意する。

温度と時間

ぬるま湯温度	32℃（夏）／38℃（冬）
仕上がり生地温度	30℃
発酵時間	30分×2
蒸かし時間	15分(生)／10分(加熱)／8分(餡)

1. 強力粉とドライイーストを入れたボウルに、きび糖と塩を溶かしたぬるま湯9割を入れる。

4. ぬらした手を入れて、しっかりこねる。

2. 菜箸4本を握り、水を回すようにグルグルとゆっくりかき混ぜる。

5. 表面にツヤが出るようによく練って、グルテンを出す。

3. 残りの湯1割を入れて、菜箸である程度ひとかたまりになるまでかき混ぜる。

菜箸についた粉は、1本ずつ手で取ります

6. ボウルのままラップをかけて30分、1次発酵させる。

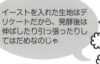

イーストを入れた生地はデリケートだから、発酵後は伸ばしたり引っ張ったりしてはだめなのじゃ

7. 手粉用の小麦粉を手につけて生地を取り出す。

14. 口を閉じる。詳しい包み方はp84「生地の包み方講座」参照。

8. 円筒形に伸ばしてまな板に置く。

15. クッキングシートに載せて蒸し器に並べ、フタをして30分、2次発酵させる。

室温が低い時や2回以上に分けて焼く時は、クッキングシートにのせたままスチロール箱に入れて保存します。取り出す時は手でつかまずにフライ返しを使います

9. 包丁でおよそ10等分に切り分けてから、大きさをそろえる。

15. 蒸し器のフタに布をかませてから、強火で8～15分蒸かす。

10. 表面がなめらかになるまで、丸めながら整形し、粉を振ったトレイに並べる。詳しい丸め方はp82を参照。

11. 生地を並べたトレイに濡れ布巾をかける。

全部丸めるのにかかる時間が、生地を休ませる時間になるのじゃ

粗熱が取れたら、1個ずつラップにくるみます

★ できあがり ★

12. 最初に丸めた生地から順番に両手に挟んで、軽くつぶしてから、中央を厚く、周囲を薄く伸ばす。

13. 具を中央に置き、周りを引き伸ばしながら、生地を中心にまとめ上げる。

35

基本 焼き蒸かし

中力粉 + 水

モチモチッとした薄皮が特徴。
水分量が多くて、包むのが難しいだけに、
上手に作れるようになったら「おやきのプロ」間違いなし！

材料 [10個分]

	分量(g)	重量比率(%)
中力粉（地粉）	300	100
水	225	75

下準備
・ボウルにふるった中力粉を入れる。
・手水1カップ分をボウルに入れる。
・10cm四方のクッキングシート10枚を用意する。

温度と時間

水温度	水道水
仕上がり生地温度	20℃
休ませる時間	20分
蒸かし時間	15分(生)/10分(加熱)/8分(餡)

1. 中力粉の入ったボウルに、水半量を入れる。

2. 菜箸4本を握り、水を回すようにグルグルとゆっくりかき混ぜる。

3. 残りの水を2回に分けて入れ、水が見えなくなるまで菜箸でグルグルかき混ぜる。

4. 水が完全に回って、粉がひとかたまりになったら、菜箸を抜く。

菜箸についた粉は、1本ずつ手で取ります

5. ぬらした手を生地に入れて、さっくりとこねながら、粉玉やムラがないことを確認する。

手についた粉は、左手をぬらして取ります

6. ヘラで生地を丸くまとめる。

ヘラは水でぬらしておきましょう

水分量が多いので、モチモチ感は最高。両面を焼き固めてから蒸かします。

7. ボウルに入れたままラップをかけて20分、休ませる。

12. 順番にひっくり返して、もう片面を焼き固める。

13. 手でおやきを起こして側面も焼く。

14. 転がすようにして焼き固める。

8. 手水をつけて、1個分の生地を指で切り取ったら指先に広げ、具を中央に置いて包む。詳しい包み方はp85「生地の包み方講座」参照。

15. クッキングシートに載せて、蒸し器に並べる。

焼く代わりに、笹の葉やクッキングシートに包んで、弱火にかけた蒸し器に順番に並べて、最後に強火にして蒸しあげてもOKです！

9. 口を閉じたら、そのまま左手を返して、あらかじめ熱して薄く油を塗ったフライパンに置く。

16. 強火で8〜15分蒸かす。

10. ひっくり返しやすいように離して並べ、中火で焼き固める。

11. 片面を焼き固めたら、フライ返しと菜箸でひっくり返す。

フライ返しをおやきの底に差し込み、菜箸で押さえてひっくり返すとうまくいきます

粗熱が取れたら、1個ずつラップにくるみます

できあがり

焼き蒸かし

強力粉 ＋ ぬるま湯

さらにモチモチッとした弾力感がアップ！
噛みしめるほどに小麦粉の風味が感じられます。
さらに包みにくい強力粉ですが、よく伸びるので破れた穴の修復も簡単。

材料 [10個分]

	分量(g)	重量比率(%)
強力粉	300	100
ぬるま湯	240	80

こねる時の注意

水分量が多いので菜箸だけでこねることができます。強力粉はムラが多いので手でしっかり確認し、休ませる時間を長めにすると伸びがよくなります。

下準備

・ボウルにふるった強力粉を入れる。
・手水1カップ分をボウルに入れる。
・湯を調温する。
・10cm四方のクッキングシート10枚を用意する。

温度と時間

ぬるま湯温度	32℃(夏)／38℃(冬)
仕上がり生地温度	30℃
休ませる時間	30分
蒸かし時間	15分(生)／10分(加熱)／8分(餡)

1. 強力粉の入ったボウルに、ぬるま湯半量を入れる。

2. 菜箸4本を握り、水分を回すようにグルグルとゆっくりかき混ぜる。

3. 残りの水を2回に分けて入れ、水が見えなくなるまで菜箸でグルグルかき混ぜる。

4. 水が完全に回って、粉がひとかたまりになったら、菜箸を抜く。

菜箸についた粉は1本ずつ手で取ります

5. ぬらした手を生地に入れて、さっくりとこねながら、粉玉やムラがないことを確認する。

手についた粉は、左手をぬらして取ります

6. ヘラで生地を丸くまとめ、ボウルに入れたままラップをかけて30分、休ませる。

Before

After

7. 手水をつけて生地を取り出し、ぬらしたまな板に置く。

8. 円筒形に伸ばす。

9. 包丁でおよそ10等分する。

10. 手水をつけてまな板から直接1個分の生地を取り、指先に広げて具を包む。詳しい丸め方・包み方はp85「生地の包み方講座」参照。

11. 口を閉じたら、そのまま左手を返して、あらかじめ熱して薄く油を塗ったフライパンに置く。

12. ひっくり返しやすいように離して並べ、中火で焼き固める。

11. 片面を焼き固めたら、フライ返しと菜箸でひっくり返す。

フライ返しをおやきの底に差し込み、菜箸で押さえてひっくり返すとうまくいきます

14. 手でおやきを起こして、転がすように側面を焼き固める。

15. クッキングシートに載せて蒸し器に並べる。

16. 強火で8〜15分蒸かす。

粗熱が取れたら、1個ずつラップにくるみます

できあがり

焼き蒸かし

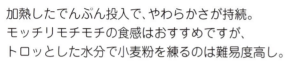
強力粉 + 片栗粉&水

加熱したでんぷん投入で、やわらかさが持続。
モッチリモチモチの食感はおすすめですが、
トロッとした水分で小麦粉を練るのは難易度高し。

材料 [10個分]

	分量(g)	重量比率(%)
強力粉	300	100
水	330	110
片栗粉	30	10

こねる時の注意

本書で紹介する生地の中で水分量が一番多く、トロッとした感触です。菜箸を抜いた後、ムラを手で潰しながらサックリとこねます。こね過ぎるとトロトロになります。

下準備

- ボウルにふるった強力粉を入れる。
- 手水1カップ分をボウルに入れる。
- 10cm四方のクッキングシート10枚を用意する。

温度と時間

水温度	水道水
仕上がり生地温度	20℃
休ませる時間	30分
蒸かし時間	15分(生)／10分(加熱)／8分(餡)

1. 水に片栗粉を入れて溶き、小鍋に入れて弱火にかける。

2. 透明感が出て、ふつふつとなるまでヘラでかき混ぜて火を止める。

> 片栗粉を溶かしたらすぐに使いましょう。時間が経つとトロミが消えて、この生地はできません

3. 20℃まで冷ます。

> 片栗粉の温度が低すぎると、粉と混ざりにくくなります

4. 冷ました片栗粉半量を入れる。

5. 菜箸4本を握り、水分を回すようにグルグルとゆっくりかき混ぜる。

6. 残りの片栗粉を2回に分けて入れ、グルグルかき混ぜる。水が完全に回って、粉がひとかたまりになったら菜箸を抜き、ぬらした手を生地に入れて、さっくりとこねながら粉玉がないことを確認する。

7. ボウルに入れたままラップをかけて30分休ませる。

8. 手水をつけて、1個分の生地を指で切り取ったら指先に広げる。

9. 具を中央に置いて包む。詳しい丸め方・包み方はp85「生地の包み方講座」参照。

10. 口を閉じたら、そのまま左手を返して、あらかじめ熱して薄く油を塗ったフライパンに置く。

11. ひっくり返しやすいように離して並べ、中火で焼き固める。

12. 片面を焼き固めたら、フライ返しと菜箸でひっくり返す。

フライ返しをおやきの底に差し込み、菜箸で押さえてひっくり返すとうまくいきます

13. もう片面を焼き固める。

14. 手でおやきを起こして、転がすように側面を焼き固める。

15. クッキングシートに載せて、蒸し器に並べる。

16. 強火で8〜15分蒸かす。

粗熱が取れたら、1個ずつラップにくるみます

できあがり

焼き蒸かし

○ 冷ご飯 ＆強力粉 ＋ ○ ぬるま湯

ご飯に小麦粉を混ぜた「こねつけ」風の生地。
小麦粉と水分量が多ければおやき生地になります。
冷めてもかたくならず、モッチリあっさりの食感です。

材料 [10個分]

	分量(g)	重量比率(%)
強力粉	250	100
冷ご飯	125	50
ぬるま湯	225	90

こねる時の注意
ご飯が水分を均等に混ぜてくれます。ほぼ菜箸だけでこねは完了します。ムラがあるかどうか、最後に手を入れて確認しましょう。

下準備
・ボウルにふるった強力粉を入れる。
・手水1カップ分をボウルに入れる。
・湯を調温する。
・10cm四方のクッキングシート10枚を用意する。

温度と時間

ぬるま湯温度	32℃(夏)／38℃(冬)
仕上がり生地温度	30℃
休ませる時間	30分
蒸かし時間	15分(生)／10分(加熱)／8分(餡)

1. 冷ご飯を用意する。

2. 強力粉の入ったボウルに冷ご飯をほぐしながら入れる。

3. 米粒がパラパラになるまで、粉とよく混ぜ合わせる。

4. ぬるま湯半量を入れる。

5. 菜箸4本を握り、水分を回すようにグルグルとゆっくりかき混ぜる。

6. 残りのぬるま湯を2回に分けて入れ、グルグルかき混ぜる。水が完全に回って、粉がひとかたまりになったら菜箸を抜き、ぬらした手を入れて、さっくりとこねながら粉玉がないことを確認する。

7. ボウルに入れたままラップをかけて30分休ませる。

12. 手でおやきを起こして、転がすように側面を焼き固める。

Before

After

13. クッキングシートに載せて蒸し器に並べ、強火で8〜15分蒸かす。

8. 手水をつけて、1個分の生地を指で切り取ったら指先で広げ、具を中央に置いて包む。詳しい包み方はp85「生地の包み方講座」参照。

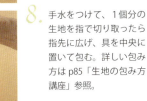

粗熱が取れたら、1個ずつラップにくるみます

9. 口を閉じたら、そのまま左手を返して、あらかじめ熱して薄く油を塗ったフライパンに置く。

10. ひっくり返しやすいように離して並べ、中火で焼き固める。

11. 片面を焼き固めたら、もう片面を焼き固める。

フライ返しをおやきの底に差し込み、菜箸で押さえてひっくり返すとうまくいきます

43

焼き蒸かし

強力粉 + 雑穀ペースト&ぬるま湯

雑穀がやわらかくモチモチッとした食感を演出。
色合いや風合いが変わって、おやきらしからぬおやきに。
ペーストの代わりに白玉粉でもOKです。

材料 [10個分]

	分量(g)	重量比率(%)
強力粉	250	100
糯雑穀ペースト	50	20
ぬるま湯	200	80

こねる時の注意

雑穀の粒が水分を均一に回してくれるので、ほぼ菜箸だけでこねは十分です。最後に手を入れて均等に混ざっているかだけ確認します。

下準備

- ボウルにふるった強力粉を入れる。
- 手水1カップ分をボウルに入れる。
- 湯を調温する。
- 10cm四方のクッキングシート10枚を用意する。
- 雑穀40g、水120gを用意し、雑穀ペーストを作る。

温度と時間

ぬるま湯温度	32℃(夏)／38℃(冬)
仕上がり生地温度	30℃
休ませる時間	30分
蒸かし時間	15分(生)／10分(加熱)／8分(餡)

雑穀ペーストの作り方

1. 雑穀40gを洗ってザルに取り、水120g（3倍量）に4～5時間浸す。

2. 雑穀を水からあげ、すり鉢に入れる。浸した水は取っておく。

3. 好みの粒感になるまですり。

4. 浸した水を戻してよく混ぜたる。

5. 鍋に移して弱火にかけ、時々かき混ぜながら鍋底が見えるぐらいのとろみを出して火を止めて冷ます。

> ブレンダーやミキサーを使う時は、雑穀を浸した水ごと入れて細かく砕きます

1. 雑穀ペーストにぬるま湯全量を入れ、よく混ぜる。

6. ひっくり返しやすいように離して並べ、中火で焼き固める。

2. 強力粉を入れたボウルに、ぬるま湯に溶いた雑穀ペースト半量を入れ、菜箸4本を握り、水分を回すようにグルグルとゆっくりかき混ぜる。

7. 片面を焼き固めたら、もう片面を焼き固める。

フライ返しをおやきの底に差し込み、菜箸で押さえてひっくり返すとうまくいきます

3. 残りの雑穀ペーストを2回に分けて入れ、その都度グルグルかきまぜる。水が完全に回って、粉がひとかたまりになったら菜箸を抜く。

8. 手でおやきを起こして、転がすように側面を焼き固める。

4. ぬらした手を生地に入れて、粉玉がないことを確認したら、ヘラで生地をまとめ、ボウルに入れたままラップをかけて30分休ませる。

9. クッキングシートに載せて蒸し器に並べる。

Before

After

10. 強火で8〜15分蒸かす。

5. 手水をつけて、1個分の生地を指で切り取ったら指先に広げ、具を中央に置いて包む。詳しい包み方はp85「生地の包み方講座」参照。

粗熱が取れたら、1個ずつラップにくるみます

45

もっとおいしく！
加熱方法アラカルト

昔ながらの焼きと蒸かし以外にも、
簡単に作れる加熱方法を紹介します。

フライパンひとつで蒸かし焼き

ちょっとソフトでペタッとした食感なのに、パリパリ。
焼き・蒸かし（膨らし粉なし）・焼き蒸かしの生地に。

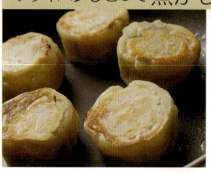

1. フライパンを熱し、薄く油を敷いて、中火で両面を焼く。

2. 湯を5mm張り、水分がなくなるまでフタをして蒸し焼きにする。

3. 水分がなくなってから、さらに中火で1、2分焼く。

ホットプレートは200℃で同じように蒸かし焼きにします

水分がなくなっても、水を少しずつ足しながら、しっかり5分は加熱すること。生の食材は10分加熱

ボリュームたっぷり揚げ焼き

見た目も食感もパリッパリッ。低温で揚げるのがコツです。
すべての生地向け。でも、生の具には向きません。

1. フライパンに油を2cm入れ、中火にかけ低温（140〜150℃）で5分揚げる。

2. 裏返して3分揚げる。

ベーキングパウダー入りの生地を揚げる場合、ベーキングパウダー3％以上、砂糖10％以上を入れること。砂糖なしの生地は爆発します

パンのようなオーブン焼き

パン風の焼き目が新鮮なサクパリ食感。
焼き・蒸かし（膨らし粉入り）生地に。

1. オーブンを180℃に温め、クッキングシートを敷いた天板におやきを並べて12〜15分焼く。

木片を四隅と中央に置き、その上に天板を載せる「天板重ね」をするとおやきらしくなります

焦げ目付き蒸かし

焦げ目がついていながら、しっとり食べるにはこちら。
蒸かし生地向き。

1. フライパンを熱し、油を薄く敷いて、中火で片面に焦げ目をしっかり付ける。

2. 蒸し器に並べて、10〜15分蒸かす。

逆に、蒸かしてから焼くとサクサクッになります

ゆでて水餃子風

簡単ゆでおやき。やわらかく仕上がります。
焼き・蒸かし（膨らし粉なし）生地向け。

1. 大きめの鍋にたっぷり水を入れ、沸騰したら小ぶりに作ったおやきを入れる。

2. 再び沸騰したら、緩やかな沸騰状態の弱火にし、具に火が通るまでゆでる。

旬の野菜を使った惣菜や甘い小豆あんを、好きな生地で包んで、焼いたり蒸したり。

おやきに入れる具にルールはありません。

山菜や青菜をたっぷり食べたい春。

家庭菜園で山のように採れるなすやピーマン、夏野菜カレーやラタトゥイユも具になります。

秋から冬にかけては、きのこや根菜の出番。

この本では、定番の12種類を含む、80種類の具のつくり方を紹介します。

どんな惣菜もおやきの具にすることができるのです。

ただ、生地で包んでおやきにするには、少しばかりのコツがあります。

包むための丸め方や水分の抜き方、生地と一緒に食べるための味の付け方など、

掲載したレシピを作りながら、我が家の味を探してみましょう。

凡例

・おやき1個分の具は 40g が目安です。

・その具が合う生地の種類を 焼 蒸 蒸入 焼蒸 で、具の状態を 生 餡 で紹介しました。

焼：焼き　　　　　　　　　　　　　　**生**：火が通っておらず、そのままでは食べない具

蒸：蒸かし（膨らし粉なし）　　　　　**餡**：あんこ類の具

蒸入：蒸かし（膨らし粉入り）

焼蒸：焼き蒸かし

・材料のなかで、固ゆでや塩もみをして水気を絞るものや、皮をむくものなどがあります。こうした下処理によって重量が変わると、レシピとは味付けが変わってしまうことがあるため、材料の重量は「下処理後の正味」で表示しました。

[下処理後の正味の例]

　　塩もみ後の正味：刻んだ野菜に軽く塩をして5分ほど置いた後、水気を絞ったもの

　　固ゆで後の正味：丸のまま熱湯に入れ、さっとゆでた後、冷水に取り、刻んでから水分を絞ったもの

　　塩抜き後の正味：刻んで塩抜きした後、水気を絞ったもの

・丸のままでゆでるもの、切ってからゆでるものなど、野菜によって下処理が変わるため、作り方の前に下処理の工程を表示しました。また、水気を絞る場合、ポリ袋などに入れて袋ごと絞ると、水分がしっかり抜けます。

・調味料の昆布粉は、昆布だけを粉末にしたもの。鰹節粉は鰹節を微細な粉末にしたものです。

・調味料のきび糖は、上白糖でも代用できます。

・調味料のバターは、有塩です。

定番

なすや小豆のおやきをご先祖様にお供えするお盆、野沢菜や干し大根のおやきで神様に無事を祈願する年末年始。こうしたハレの日に作られるおやきが、伝統食として大切に伝えられてきた一方、食事におこびれ（おやつ）にと重宝されてきたのは、季節ごとに台所にある食材で気楽に作る日常食のおやきです。ここでは、伝統食としての定番おやきに加えて、四季の野菜を使ってよく作られる具を紹介します。

野沢菜

焼 蒸 蒸入 焼/蒸

■材料
野沢菜漬け(塩抜き後の正味)……400g
サラダ油……大さじ1
人参……30g
鰹出汁……100cc
日本酒……大さじ2
きび糖……大さじ1と1/2
しょうゆ……大さじ2
味噌……10g

■下処理
① 野沢菜漬けは5mm幅に切って熱湯を沸かした鍋に入れ、再沸騰してから3分ゆでる。
② ①を冷水に取り、水を換えながら少し塩分が残る程度まで塩抜きして、水気を絞る。

■作り方
③ 鍋にサラダ油を熱して②を軽く炒め、千切りの人参、出汁、日本酒、きび糖を入れて、野沢菜がやわらかくなるまで、フタをして弱火で煮る。
④ ③にしょうゆを回し入れ、強火で時々かき混ぜながら煮詰めたら、火から下ろして味噌を絡める。

きりぼし大根

焼 蒸 蒸入 焼/蒸

■材料
切干大根……50g
人参……30g
しめじ……30g
油揚げ……1枚
●調味料
　しょうゆ……大さじ2
　サラダ油……大さじ1
　みりん……大さじ1
　鰹節粉……ひとつまみ

■作り方
① 切干大根はさっと洗い、かぶるぐらいの水を張って20分戻す。
② 人参は千切り、油揚げは薄切り、しめじは手でちぎる。
③ ①を水ごと鍋に移し、水を足しながらやわらかくなるまで弱火で煮る。
④ ③に調味料をすべてを入れ、さらに中火で5分煮る。

鍋ごと火から下ろし、そのまま冷ますと味がしみやすくなります！

きざみなす 生

焼 蒸 蒸入 焼/蒸

■材料
なす……250g
キャベツ(塩もみ後の正味)……80g
●調味料
　味噌……60g
　きび糖……大さじ1
　白すりごま……大さじ2
　サラダ油……大さじ1
　鰹節粉……ひとつまみ
　昆布粉……小さじ1/2

■下処理
① キャベツはざく切りし、塩(分量外)でもんで水気を絞る。

■作り方
② ボウルで調味料をよく混ぜ合わせる。
③ なすは1.5cm角のサイコロ切りにする。
④ ②に①③を入れ、素早くさっくり和える。

丸なす、長なすどちらでもOK！水分が出やすいので生地で包む直前に和えるのがコツ！

野菜ミックス 🟢生

■材料
キャベツ(塩もみ後の正味)……250g
玉ねぎ(塩もみ後の正味)……80g
人参(塩もみ後の正味)……20g
青菜(固ゆで後の正味)……30g
●調味料
　味噌……60g
　きび糖……大さじ1
　白すりごま……大さじ2
　サラダ油……大さじ1
　昆布粉……小さじ1
　鰹節粉……ひとつまみ

■下処理
① キャベツ、玉ねぎ、人参は千切りにし、塩小さじ1/2の塩(分量外)をして、10分置いて水気を絞る。
② ゆでて水気を絞った青菜は5mm幅で刻む。
■作り方
③ ①②と**調味料**をよく混ぜ合わせる。

かぼちゃ 🟢生

■材料
かぼちゃ……350g
●調味料
　きび糖……大さじ3
　すりごま……大さじ2
　しょうゆ……大さじ1
　サラダ油……大さじ1
　昆布粉……小さじ1
　鰹節粉……ひとつまみ

■作り方
① かぼちゃは種を取り、千切りにする。
② ①と**調味料**を入れてよく混ぜ合わせる。

皮が気になる場合は包丁でそぎ落として

蒸かす場合は、少し長めに20分！

にら 🟢生

■材料
にら……200g
キャベツ(塩もみ後の正味)……150g
●調味料
　味噌……60g
　きび糖……大さじ1/2
　白すりごま……大さじ2
　サラダ油……大さじ1
　昆布粉……小さじ1/2
　鰹節粉……ひとつまみ

■下処理
① キャベツは千切りにし、軽く塩(分量外)をして水気を絞る。
■作り方
② にらは根元は細かく、葉は1.5cmに切る。
③ ①②と**調味料**をよく混ぜ合わせる。

和風きのこ

焼 蒸 蒸入 焼蒸

■材料
しめじ……1パック
舞茸……1パック
えのき茸……1袋
人参……50g
油揚げ……2枚
切干大根……20g
日本酒……大さじ2
味噌……40g
しょうゆ……大さじ1

■作り方
① しめじ、舞茸は細かくほぐし、えのき茸は1cm幅、人参は細い千切り、油揚げは縦半分にしてから横に薄切りにする。切干大根はさっと洗って水分を絞り、1cm幅に切る。
② 鍋に①と日本酒を入れ、フタをして弱火で5分煮る。焦げないようにかき混ぜながら、水分がじわっとしみてくるのを待つ。
③ 水分が出て切干大根がやわらかくなったら、味噌、しょうゆを入れ火から下ろす。

> おやきの具には、しょうゆか味噌を少し加えて味を濃いめにします

おから

焼 蒸 蒸入 焼蒸

■材料
おから……120g
長ねぎ……80g
しいたけ……2枚
人参……40g
油揚げ……1/2枚
出汁(鰹と昆布)……250cc
サラダ油……大さじ1
●調味料
　しょうゆ……大さじ2
　きび糖……大さじ1と1/2
　日本酒……大さじ1
　ごま油……大さじ1

■作り方
① 長ねぎは5mmの小口切り、人参は薄いいちょう切り、油揚げ、しいたけは薄切りにする。
② 鍋にごま油とサラダ油を熱し、人参としいたけを中火で炒め、油が回ったらおからを入れて、弱火で炒める。
③ ②に油揚げと出汁を入れ、かき混ぜながら人参がやわらかくなるまで煮る。
④ ③に長ねぎと**調味料**を入れ、中火でしっとりするまで炒める。

> なめらかにしたい場合は、最後に溶き卵1/2個(分量外)を加えて。
> おやきの具には、しょうゆを少し加えて味を濃く

ゆず大根

蒸 焼蒸

■材料
大根
(直径6cm、厚さ8mmの輪切り)…20枚
昆布……10cm四方
塩……小さじ1
水……400cc

■作り方
① 水に昆布を入れて30分置く。
② 鍋に大根とかぶるぐらいの水(分量外)を入れて強火にかけ、沸騰したら弱火で10分ゆでる。
③ ②のゆで汁を捨てて①と塩を入れ、初めは中火、沸騰したら弱火で大根がやわらかくなるまで煮る。
④ ③を冷ましてから大根を引き上げて水分をふき取る。
⑤ ④を並べて小麦粉(分量外)を振りかけ、ゴムべらでゆず味噌を2mmの厚さに塗って2枚合わせる。

> ゆず味噌をおやきの具にする時は、冷たいご飯50gと混ぜ合わせて使うと、大根の水分を吸ってくれます

Oyaki no Column
ゆず味噌の作り方

信州味噌30g、白味噌20g、きび糖大さじ1と1/2、日本酒小さじ1、昆布粉ひとつまみをよく混ぜ合わせ、小鍋に入れてごく弱火で火を通す。透明感が出たら火から下し、粗みじん切りにしたゆずの皮5gを混ぜる。

つぶあん

■材料
小豆……200g
きび糖……160g
塩……3g
水……適量

■作り方
① 小豆はよく洗って鍋に移し、小豆がかぶるくらいの水を入れて強火で沸騰させたら、中火で10分煮る。湯が茶色になったらザルにあけてさっと洗う。
② ①を鍋に戻し、再びかぶるぐらいの水を注ぎ、フタをして湯の中で豆が静かに踊るぐらいの火加減を保って煮る。アクはこまめに取る。
③ 水分が減ったら湯を少量ずつ加え、指先で豆が潰れるぐらいまで1時間ほど煮る。
④ 火を止めて30分蒸らす。
⑤ 再び弱火にかけ、きび糖を半量入れて10分煮たら、残りのきび糖を入れてさらに煮詰めて、水分を飛ばす。
⑥ 木べらで混ぜた時に一瞬鍋底が見えるぐらいになったら、塩を入れて火を止める。

黒ごまあん

■材料
白あん(味付なし)……200g
きび糖……80g
黒すりごま……40g
塩……3g
水……250cc

■作り方
① 鍋に水を張って熱し、きび糖と塩、すりごまを溶かし、強火で1分煮る。
② ①に白あんを入れ、ごく弱火で煮詰める。
③ ぼったりとしてきたら、火から下ろし、広げて粗熱を取る。

生地にも黒ごまを入れると、さらに風味が増します

りんご&おさつ

■材料
りんご(皮と芯を除いた正味)……250g
さつまいも……180g
水……50cc
きび糖……50g
白ワイン……20cc
レモン汁(orミカン果汁)……20cc
バター……5g
くるみ……20g
シナモン……少々

■作り方
① さつまいもは皮をむいて1cmの角切りにする。
② 鍋に①と水を入れてフタをし、弱火でやわらかくなるまで煮る。
③ ②を煮汁ごとマッシャーでつぶして冷ます。
④ 別の鍋に、2cmの角切りにしたりんご、きび糖、ワイン、レモン汁を入れ、ふたをせずに水気が少し残るくらいまで煮詰める。
⑤ ④に③とバター、刻んだくるみとシナモンを入れ、よく混ぜる。

おやき歳時記　おやきと人々の暮らし

昔から神仏にまつわる行事や祭りに作られることが多かったおやきは、四季折々にその材料を変えて作られてきました。おやきを通しての年中行事を見ると……

年玉おやき
1月2日の朝に「今年一年丸くいきますように」と年神様に願い、家族で食べる。

春彼岸おやき
春分の日を中日とした彼岸にご先祖様に供える。

農休みおやき
田植え終いを田の神に感謝し、豊作祈願をしておやきやぼた餅などを作って祝う。

お籠りおやき
7月31日は善光寺の盂蘭盆会。新盆を迎える家は新仏の位牌を如来さまに供え回向をしていただく習慣があり、特に西山地方の信者はおやきを作って持参することから「焼餅道者」「茶の子道者」とも言われた。

石の戸おやき
8月1日は釜蓋朔日（かまぶたついたち）といい、地獄の釜の蓋が開く日。つまりご先祖様があの世を出発される日とされ、あの世とこの世を隔てる「石の戸（地獄の戸）」におやきをぶつけて戸を打ち破って来るため、固い固いおやきを作ってお供えをした。

七夕おやき
「七夕まんじゅう」とも呼ばれ、中信、東信地方で月遅れの8月7日にふくらし粉が入った小豆餡のおやきを作り、収穫した夏野菜と共に供える。

お盆おやき
8月13日の晩にお墓に行き、迎え火を焚いて提灯に火を灯しご先祖様をお連れする。13日の夕食もしくは14日の朝食に、到着されたご先祖様を迎えるおやきを作る。
16日の夕方に作るおやきは「お帰りおやき」と言われ、ご先祖様があの世までの旅の間にお腹を空かせないようにと作る。

おくんちおやき
9月の9が付く9、19、29日になすのおやきを作って田の神に感謝する。

秋彼岸おやき
秋分の日をお中日とした彼岸にご先祖様に供える。

鍬あげ、鎌あげ、棒あげ、ねこたたきおやき
麦蒔き、稲刈り、はぜ棒あげ、ねこじまいのたびにおやきを作り、田の神に感謝する。各農作業が終わるたびに作られた。

えびす講おやき
恵比寿様が出雲の国に出掛けられる11月1日の朝に、宝をたくさん入れて持って帰ってくれるようにと「あんこ」を入れないおやきを作ってお供えし、恵比寿様がお帰りになる11月20日の恵比寿講の日には「あんこ」をいっぱい入れた俵型やかます（穀物などを入れる袋）型のおやきを作ってお供えした。

まるめあげおやき
12月31日大晦日に「今年も丸く納まりました」と感謝して家族でおやきを食べる。「年玉おやき」と対をなす。

このように作られてきたおやきは、今でも日常の節目節目に欠かせない役割を担っています。

アラカルト

四季折々に滋味豊かな旬の野菜が採れる信州。そんな野菜をたっぷり使って作るおやきは、採れ過ぎた野菜の消化だったり、漬かり過ぎた漬物のアレンジだったり、前夜に作ったおかずのリユースだったり。
ここでは、おかずとしておいしく食べた後に、おやきに変身させることができる具がたくさん登場します。多めに作って楽しみましょう！

ふきのとう

焼 蒸 蒸入 焼蒸

■材料
キャベツ（塩もみ後の正味）……250g
玉ねぎ（塩もみ後の正味）……80g
人参（塩もみ後の正味）……20g
青菜（固ゆで後の正味）……30g
ふきのとう（固ゆで後の正味）……4〜5個
●調味料
　味噌……60g
　きび糖……大さじ1
　白すりごま……大さじ2
　サラダ油……大さじ1
　昆布粉……小さじ1
　鰹節粉……ひとつまみ

■下処理
① キャベツ、玉ねぎ、人参を千切りにし、塩小さじ1/2（分量外）をして10分置いてから水気を絞る。
■作り方
② 青菜とふきのとうは細かく刻む。
③ ①②と調味料をよく混ぜ合わせる。

Oyaki no Column
ふきのとうの保存方法
さっとゆでて水気をよく絞り、ポリ袋にならべて冷凍保存します。使うときには、必要な分だけ割りましょう。
ふきのとうの苦みはさっとゆでることで、和らぎます。

山菜ミックス

焼 蒸 蒸入 焼蒸

■材料
山菜（下処理後の正味）
　（わらび、こごみ、うど、筍、ぜんまいなど）
　　　　……120g
キャベツ（塩もみ後の正味）……120g
玉ねぎ（塩もみ後の正味）……80g
●調味料
　味噌……60g
　きび糖……大さじ1
　白すりごま……大さじ2
　ごま油……大さじ1
　昆布粉……小さじ1
　鰹節粉……ひとつまみ

■下処理
① キャベツは千切り、玉ねぎは薄切りにし、塩（分量外）をして水気をよく絞る。
■作り方
② 下処理した山菜は1cm幅に切り、ごま油で炒める。
③ ①②と調味料をよく混ぜ合わせる。

Oyaki no Column
淡竹とふきの処理の仕方
淡竹は皮をむき、新鮮なものはそのまま調理します。収穫後1日以上経ったものは、食べる大きさに切ってから米のとぎ汁でゆがき、そのまま半日置きましょう。ふきは長いまま、塩で板ずりをした後、熱湯でゆがいて冷水にとります。水の中で皮をむいてから、水を取り換えて保存します。

淡竹と蕗の味噌風味

焼 蒸 蒸入 焼蒸

■材料
淡竹（下処理後の正味）……150g
ふき（下処理後の正味）……150g
人参……30g
油揚げ……2枚
●調味料a
　しょうゆ……大さじ2
　みりん……大さじ2
　鰹出汁……100cc
●調味料b
　みりん……大さじ1
　味噌……20g
　ごま油……大さじ1
　オイスターソース……小さじ1
　ラー油……少々

■作り方
淡竹とふきは食べやすい大きさに切り、調味料aと鍋に入れ、中火で煮詰める。

おやきの具には、煮物を1cm幅に切って汁気を取り、人参は千切り、油揚げは薄切りにして、ごま油を熱したフライパンで軽く炒め、調味料bを入れます

こごみ

焼 蒸無 蒸入 焼/蒸

■材料
こごみ(固ゆで後の正味)……350g
●調味料
　味噌……60g
　きび糖……大さじ1
　白すりごま……大さじ2
　ごま油……大さじ1
　昆布粉……小さじ1
　鰹節粉……ひとつまみ

■下処理
① こごみは洗ってごみを取り除いて軽く
　ゆで、幅1cmに切って水気を絞る。
■作り方
② ①と調味料をよく混ぜ合わせる。

のびる 生

焼 蒸無 蒸入 焼/蒸

■材料
のびる(下処理後の正味)……250g
キャベツ(塩もみ後の正味)……100g
●調味料
　味噌……70g
　きび糖……大さじ1/2
　白すりごま……大さじ2
　サラダ油……大さじ1
　昆布粉……小さじ1/2
　鰹節粉……ひとつまみ

■下処理
① のびるはよく洗って水を切り、根元は
　細かく、葉は1.5cm幅に切る。
② キャベツは千切りにして、軽く塩(分
　量外)をして水気をよく絞る。
■作り方
③ ①②と調味料をよく混ぜ合わせる。

わらび

焼 蒸無 蒸入 焼/蒸

■材料
わらび(アク抜き後の正味)……180g
●漬け汁
　鰹出汁……150cc
　しょうゆ……50cc
もやし……1袋
人参……30g
●調味料
　ごま油……大さじ2
　白すりごま……大さじ2
　しょうゆ……小さじ1
　きび糖……小さじ1
　塩……小さじ1/2
　昆布粉……小さじ1/2
　鰹節粉……ひとつまみ
　こしょう……お好みで

■作り方
① わらびは幅1cmに切り、漬け汁に一
　晩漬ける。
② もやしはハサミで適当に切り、人参は
　千切りにし、ゆでて冷まして水気を絞る。
③ 汁気を切った①、②と調味料をよく
　混ぜ合わせ、30分ほど置いて味をな
　じませる。

Oyaki no Column

わらびのアク抜きの仕方

わらび1kgに対して、水2L(わらびの重量の2倍)、重曹小さじ2杯(6g、水の重量の1%以下)を用意。水が沸騰したら火を止めてから重曹を入れ、わらびを入れるかわらびにかけて、浮いてこないように皿を載せ、フタをしないで半日以上置きます。その後、しっかり洗ってから、きれいな水に浸して冷蔵保存し、毎日水を換えます。そのまま食べてもいいし、もう一度さっとゆがけば、やわらかい食感が楽しめます。ただし1週間で食べ切りましょう。

Oyaki no Column

わらびの保存方法

長期保存の場合は、保存容器の底に塩を敷き、輪ゴムで束ねたわらびを入れます。わらびの上には多めに塩を振って重石をし、水が出たら重石を軽くし、密封して常温保存しましょう。塩を強くすれば1年は保存可能です。
使う時は、わらびを洗って水に入れ、沸騰直前で火を止めて、そのまま1日置いた後、塩が抜けるまで水をこまめに取り換えます。

菜の花

焼 蒸 蒸入 煉蒸

■材料
菜の花（固ゆで後の正味）……170g
玉ねぎ……90g
人参……20g
じゃがいも……80g
しめじ……40g
鶏肉……40g
オリーブオイル……大さじ1と1/2
●調味料
　白ワイン……大さじ1
　粒マスタード……大さじ1
　しょうゆ……大さじ1
　きび糖……小さじ1
　塩……小さじ1/2
　こしょう……少々

■下処理
① 固ゆでにした菜の花は2cm幅に切って水気を絞る。
■作り方
② ①を塩ふたつまみ（分量外）をして軽くもむ。
③ 玉ねぎは薄切り、人参は千切り、鶏肉とじゃがいもは1cm角切り、しめじは細かくちぎる。
④ じゃがいもを3分ゆでて、ザルに取る。
⑤ フライパンにオリーブオイルを入れ、強火で鶏肉にさっと火を通し、玉ねぎ、人参、しめじを入れてよく炒め、調味料で味を整えたら、③を入れて味を絡ませる。
⑥ ⑤の粗熱が取れたら、②を軽く絞ってよく混ぜ合わせる。

雪菜

焼 蒸 蒸入 煉蒸

■材料
雪菜（固ゆで後の正味）……350g
●調味料
　味噌……60g
　きび糖……大さじ1と1/2
　白すりごま……大さじ2
　練りごま……大さじ1
　昆布粉……小さじ1
　鰹節粉……ひとつまみ

■下処理
① 雪菜は固ゆでにして1cm幅に切る。葉の部分は縦にも包丁を入れ、水気をよく絞る。
■作り方
② ①と調味料をよく混ぜ合わせる。

Oyaki no Column

雪菜とは

その名のとおり、寒さの厳しい厳冬から春先にかけて栽培されるアブラナ科アブラナ属の葉類を指し、「雪菜」「冬菜」などと呼ばれます。関東甲信越から東北地方にかけて広く栽培されています。
大きく分類すると、カブ・漬け菜類のブラシカ・ラパ種、西洋ナタネと呼ばれるブラシカ・ナプス種があり、山形県米沢市周辺の名産とされる雪菜は、ブラシカ・ラパ種です。
長野県では昔から、「本冬菜」「松本冬菜」「飯田冬菜」「雪菜」などと呼ばれるブラシカ・ナプス種が栽培されています。春先に薹立ちして、やわらかく味がよい花茎を食べる品種です。

中華風ほうれん草

焼 蒸 蒸入 煉蒸

■材料
ほうれん草（固ゆで後の正味）……300g
しめじ……50g
人参……30g
乾燥小えび……大さじ1
にんにく……小さじ1/2
しょうが……小さじ1/2
ごま油……大さじ1
●調味料
　オイスターソース……大さじ1
　しょうゆ……大さじ1
　日本酒……大さじ1
　塩……小さじ1/2
　きび糖……小さじ1/2
　こしょう……少々

■下処理
① ほうれん草は固ゆでにしてからは3cm幅に切り、水気を絞る。
■作り方
② 人参は千切り、しょうが、にんにくはみじん切りにする。しめじは粗くちぎる。
③ フライパンにごま油を熱し、しょうが、にんにくを炒めて香りが出たら、人参、しめじを入れて炒める。
④ ③にほうれん草と小えびを加えて軽く炒め、調味料を入れて味を整える。

そぼろ雪菜

焼 蒸無 蒸入 焼/蒸

■材料
雪菜(固ゆで後の正味)……250g
豚ひき肉のそぼろ……50g
しめじ……50g
人参……30g
ごま油……大さじ1
●調味料
　しょうゆ……大さじ1
　みりん……大さじ1
　オイスターソース……小さじ1
　塩……ひとつまみ
●水溶き片栗粉
　片栗粉……大さじ1
　水……大さじ2

■下処理
① 雪菜は固ゆでにして1cm幅に切る。葉の部分は縦にも包丁を入れ、水気をよく絞る。
■作り方
② フライパンにごま油を入れて中火で人参、しめじをさっと炒め、雪菜とそぼろを加えて炒める。
③ ②に調味料を入れて味を絡ませたら、火から下して水溶き片栗粉を入れ、再び中火でとろみを出す。

Oyaki no Column
豚ひき肉のそぼろ炒めの作り方
豚ひき肉500g、すりおろした玉ねぎ1/4個分、すりおろしたにんにく、しょうが各大さじ1,日本酒大さじ2をよく混ぜ合わせ10分程置く。弱火のフライパンに入れ、割り箸4、5本で混ぜながら火を通す。しっかり火が通ったら、塩小さじ1/2を入れて冷まし、小分けにして冷凍する。

大根葉のナムル

焼 蒸無 蒸入 焼/蒸

■材料
大根葉(固ゆで後の正味)……350g
乾燥小えび……10g
日本酒……大さじ4
●調味料
　ごま油……大さじ2
　塩……6g
　きび糖……小さじ1
　しょうゆ……小さじ1
　こしょう……少々
　ガーリックパウダー……お好みで

■下処理
① 大根葉はさっとゆでてから8mm幅に切り、水気を絞る。
■作り方
② 小えびと日本酒を小鍋に入れて火にかけ、アルコール分を飛ばして冷ます。
③ ①②と調味料をよく混ぜ合わせる

野沢菜の葉っぱ

焼 蒸無 蒸入 焼/蒸

■材料
野沢菜の葉(固ゆで後の正味)……120g
白菜の葉(固ゆで後の正味)……100g
豚ひき肉……50g
人参……25g
しめじ……50g
ごま油……大さじ1
●調味料a
　日本酒……大さじ1
　しょうゆ……小さじ1
●調味料b
　味噌……40g
　白すりごま……大さじ2
　きび糖……大さじ1
　しょうがすりおろし……小さじ1

■下処理
① 野沢菜の葉と白菜の葉は固ゆでにしてから縦に1cm幅に切れ目を入れ、5mm幅に切って絞る。
■作り方
② 人参は千切りにする。しめじはほぐす。
③ 鍋にごま油を入れて熱し、②と豚ひき肉、調味料aを入れて炒める。
④ ボウルに①③と調味料bを入れてよく混ぜ合わせる。

Oyaki no Column
野沢菜の節約レシピ
野沢菜を漬ける時、長過ぎる葉は切り落として長さをそろえました。この具は切った葉を無駄にしないためのレシピ。もちろん野沢菜を全部使ってもOKです。

丸なす

■材料
丸なす……中3個
●調味料
　味噌……60g
　きび糖……大さじ1と1/2
　白すりごま……大さじ1/2
　サラダ油……小さじ1
　鰹節粉……ひとつまみ

■作り方
① 調味料をよく混ぜ合わせる。
② 丸なすはヘタと底を切り落とし、厚さ7mmの輪切りにする。大きすぎる時は丸みを削いで、形を整える。
③ なす1枚で①をすくい、もう1枚に2mm厚で均等に塗りつけて挟む。

輪切りのなすで塗った味噌は厚みが均等になります。ゴムべらよりも上手に塗れます。

なすで味噌をつけてしばらく置くと、水分が出て包みにくくなるので、味噌をつけたら素早く生地に包みます。一度に3個ぐらいずつ仕上げていきましょう

麻婆なす

■材料
丸なす……3個(or長なす…5〜6個)
サラダ油……大さじ1
しょうゆ……大さじ1
麻婆味噌……150g

■作り方
① 丸なすは皮つきのまま2cm角に切り、水にさらしてからザルに取る。
② フライパンにサラダ油を熱し、①を強火で炒めたらフタをして中火で3分焼く。
③ ②を時々かき混ぜながら、しょうゆを回し入れてさらに炒め、なすがしんなりしたら麻婆味噌を絡めて火から下ろす。

Oyaki no Column
麻婆味噌の作り方

信州味噌40g、赤味噌30g、紹興酒or日本酒大さじ1、きび糖大さじ2、オイスターソース小さじ1、豆板醤小さじ1、花椒小さじ1/2、(あれば豆豉小さじ1)をよく混ぜ合わせておく。フライパンにごま油大さじ1を入れ、弱火で豚ひき肉250gをゆっくりほぐすように炒めたら、しょうがとにんにくのすりおろし各小さじ1を入れてさらに炒め、強火にして5mm幅の小口切りにした長ねぎ中3本を入れてさっと炒める。混ぜ合わせた調味料を入れて水分を飛ばしながら混ぜ合わせ、全体がなじんだら火から下ろす。

Oyaki no Column
信州の丸なす

上から時計回りに「小布施なす」「千両なす」「小森なす」

いま、丸なすを栽培している地域はとても限られています。山形県庄内、福島県会津、新潟県下越・中越、京都府、そして長野県北信です。
昔は東京都でも丸なすが栽培されていたそうですが、収穫時期が短いだけでなく、適した土地を探すのが難しく、さらに連作を嫌うため、1960年以降少しずつ減少していきました。
信州特産の丸なすは、「小布施なす」「小森なす」「千両なす」の3種があります。小布施なすと小森なすは地元が育てる伝統野菜で、原種を掛け合わせてできた千両なすは、いま一番多く栽培されているいわゆる「丸なす」です。
小布施なすは火が通るまでに時間がかかりますが、肉厚でどっしり感があり、食べ応えがあります。煮物にしても煮崩れしにくい丸なすです。
小森なすは皮が非常に薄く、デリケートです。火の通りが早く、トロッとして口の中でとろけます。田楽にすると最高においしく食べられます。
しかし、小布施なすも小森なすも晩生種で収穫時期が短いうえに、栽培が難しく収量が少ないなど、非常に手間がかかるのが難点です。
それに比べて、千両なすは中生種で収穫時期が早く、たくさん収穫することができます。小ぶりで、皮の厚さもそこそこ薄く、火の通りは小布施と小森の中間ぐらい。煮ても焼いてもおいしいなすです。

夏野菜カレー

焼 蒸 蒸入 焼/蒸

■材料
玉ねぎ……中2個
オリーブ油……大さじ1
塩……小さじ1/2
丸なす……2個(or長なす…3～4個)
きゅうり……2本
ピーマン……3個
トマト……中2個
オリーブ油……大さじ1
にんにくすりおろし……小さじ1
しょうが……小さじ1
●調味料
　無添加コンソメ……大さじ1
　カレー粉……小さじ1～2
　バター……10g
　赤ワイン……大さじ1
　しょうゆ……小さじ1
　ソース……小さじ1
　酸味のあるジャム……小さじ1
　塩……小さじ1/2

■作り方
① 玉ねぎはみじん切りにしてポリ袋に広げて入れ、冷凍庫で1時間。その後フライパンでオリーブ油、塩とともに強火で炒める。ほんのり飴色になったら中火にし、しっかり飴色になるまで炒める。
② 丸なすは所々皮をむき、トマトは湯むきして、ピーマンとともに1cm角、きゅうりは縦半分に切って斜め切りにする。
③ 鍋にオリーブオイルを熱し、①とにんにく、しょうが、トマトを強火で炒め、なじんだら②と**調味料**を入れて、フタをせず中火で30分煮る。

夏野菜ラタトゥイユ

焼 蒸 蒸入 焼/蒸

■材料
丸なす……1個(or長なす…2個)
ズッキーニ(きゅうりでも)……1本
玉ねぎ……中1個
ピーマン……1個
しめじ……1/2パック
トマト……中4個(orカットトマト缶…1缶)
にんにく……2片
オリーブ油……大さじ2
●調味料
　赤ワイン……大さじ2
　しょうゆ……大さじ1
　無添加コンソメ……大さじ1
　千切りバジル(生or乾燥)……3枚
　塩……小さじ1/2
　こしょう……お好みで
　ピザ用チーズ……30g

■作り方
① トマトは湯むきして1cm角、玉ねぎは薄切り、しめじは手でちぎり、にんにくは粗みじん切り、丸なすは所々皮をむき、残りの野菜とともに1cm角に切る。
② フライパンにオリーブオイルを熱し、にんにくを炒めて玉ねぎを入れ、強火で炒める。さらにトマトを炒めたら、フタをせず弱火で20分煮詰める。
③ なす、ズッキーニ、ピーマン、しめじはポリ袋に入れて塩3g(分量外)をなじませ、しばらく置いて軽く水分を絞る。
④ 鍋に②③と**調味料**を入れて、最初はフタをし、水分が出てきたらフタを取って弱火で20分煮る。最後に塩、こしょうで味を整える。

みょうが 生

焼 蒸 蒸入 焼/蒸

■材料
キャベツ(塩もみ後の正味)……220g
玉ねぎ(塩もみ後の正味)……80g
みょうが……4本
みょうがのみそ漬け……3本
●調味料
　ごま油……大さじ1
　味噌……40g
　鰹節……小袋1袋

■下処理
① キャベツと玉ねぎはやや粗目の千切りにし、軽く塩(分量外)をして10分置いてから水気を絞る。
■作り方
② みょうがは斜め切り、みそ漬けはみじん切りにする。
③ ①②と**調味料**を混ぜ合わせる。

みょうがの味噌漬けがない時は、生のみょうが3本を粗く千切りにして、味噌20gを増やします

ラタトゥイユをおやきの具にする時は、真ん中にチーズ3gを入れて丸めましょう。生地にトマトピューレを練り込むと、さらにイタリアン!

梅紫蘇オクラ

■材料
玉ねぎ(塩もみ後の正味)……300g
オクラ……8本
青じそ……10枚
梅肉……20g
●調味料
　鰹節……小袋1袋
　しょうゆ……小さじ1
　塩……お好みで

■下処理
① 玉ねぎは薄い半月切りにし、軽く塩(分量外)をして水気を絞る。
■作り方
② オクラはさっとゆでて5mm幅の小口切り、青じそは縦半分にして千切りにする。
③ ①②と梅肉をよく混ぜ合わせる。
④ ③と**調味料**をよく混ぜ合わせる。

カレーもやし

■材料
もやし……2袋
ちくわ……2本
ピーマン……2個
人参……30g
ごま油……大さじ1
●調味料
　カレーパウダー……小さじ1～2
　しょうゆ……小さじ2
　塩……小さじ1
　酢……小さじ1
　きび糖……小さじ1/2
　こしょう……少々

■作り方
① もやしは洗って、パキパキと割り、ちくわは薄切、ピーマン、人参は千切りにする。
② 鍋にごま油を入れ、①を炒めてしんなりしたら、**調味料**を入れ、味を整える。

錦糸瓜

■材料
錦糸瓜(ほぐした後の正味)……300g
しょうが……8g
鶏むね挽き肉……80g
日本酒……大さじ1
●調味料
　味噌……50g
　しょうゆ……大さじ1
　きび糖……大さじ11/2

■下処理
① 錦糸瓜はゆでてほぐし、水気を絞る。
■作り方
② ①をザク切りにする。
③ しょうがはみじん切りにして鍋に入れ、挽き肉と日本酒を加えたら、弱火でほぐすように火を通していったん火から下ろす。
④ ③と**調味料**を混ぜてから、錦糸瓜を入れてよく混ぜ合わせ、中火でさっと炒める。

錦糸瓜（きんしうり）とは

錦糸瓜・金糸瓜は、かぼちゃの仲間でズッキーニなどと同じ部類のペポカボチャの一種です。ほぐれた糸状の果肉から、「そうめんかぼちゃ(素麺南瓜)」「そうめんうり(素麺瓜)」「いとうり(糸瓜)」とも呼ばれます。英語でも「スパゲッティ・スカッシュ(Spaghetti squash)＝スパゲッティ瓜」です。アメリカ大陸原産。明治時代に日本でも栽培が始まりました。かぼちゃの中では比較的カロリーが低くあっさり。欧米では主菜のつけ合わせや、パスタの代わりにソースをかけて食べることも。日本では酢の物やマヨネーズ和えにすることが多く、青いうちに収穫した金糸瓜を抜け粕に入れて漬けると、独特の食感が非常においしいです。

●ほぐし方

両端を2cmほど切り落とし、胴の部分を長さ3～4cmの輪切りにして種とその周りのワタを取る。熱湯にそっと入れて、浮いてくるのは落としぶたなどで押さえる。お湯につかりきらない場合は途中で上下を返す。15～20分でゆで上がるので、箸などで果肉部分の皮近くを刺してほぐれ具合がよければ、余熱で火が通り過ぎないよう一気に水にさらして冷やす。水にさらしながら十分にほぐし、少しずつすすぎながらザルにあげる。内側同士がこすれるイメージで折り曲げると、ほぐれやすくなる。

丸ごとピーマン

■材料
ピーマン……小10個
●調味料
　味噌……60g
　きび糖……大さじ2
　白すりごま……大さじ1
　サラダ油……小さじ1
　鰹節粉……ひとつまみ
　酸味のあるジャム……お好みで

■作り方
① ピーマンは逆L字に切り込みを入れる。
② 調味料を混ぜて合わせ味噌を作り、①の切り込みに埋め込む。

ピーマンのへたを上にして左手で持ち、包丁の先を上部に差し込み、そのまま下へ3cmほど切ったら、切れ目を左へ直角に曲げる

左手親指で切り込んだ部分のフタを開け、右手の指先で味噌を詰める

ヘタも種も全部食べられる！
ピーマンの旨みが凝縮されたおやきです

モロッコいんげん

■材料
モロッコいんげん……200g
●調味料
　味噌……60g
　きび糖……大さじ2
　白すりごま……大さじ2
　サラダ油……小さじ1
　鰹節粉……ひとつまみ
　すりくるみ……お好みで

■作り方
① モロッコいんげんを5〜6cm幅に切る。
② 調味料の合わせ味噌を塗って、いんげんを2〜3枚ずつまとめる。

生のまま包むので栄養が逃げず、甘味も抜群！
おやきらしからぬ形もユニーク

Oyaki no Column

やたらとは

長野県北信地方の北部地域を中心に食べられている、夏を乗り切る伝統おかずです。「やたらと何でも入れる」「やたらに刻む」「やたらに美味しい」ために、この名がついたとか。
きゅうりやなすなどの夏野菜と味噌漬けなどの漬物、青唐辛子（ぼたんこしょう）、紫蘇、みょうが、しょうがなどを細かく刻んで和えるだけ。フレッシュな夏野菜と香味野菜の爽やかさが入り混じって、暑い夏でもご飯が進みます。

やたら

■材料
なす……1個
きゅうり……1本
ピーマン(orぼたんこしょう)……1個
みょうが……2個
青じそ……5枚
大根の味噌漬け……500g（お好みで）
鰹節……小袋1/2袋
しょうゆ……お好みで

■作り方
① なす、きゅうり、ピーマンはみじん切りにし、軽く塩（分量外）をして水気を絞る。
② みょうが、青じそ、味噌漬けはみじん切りにする。
③ ①②と鰹節を混ぜ合わせる。塩気が足りない場合はしょうゆを入れる。

おやきにする時は、通常の量（具40g）だと塩気がきついので、小さめに作るのがおすすめ

新玉の辛味噌

■材料
新玉ねぎ……中4個
●調味料
　味噌……60g
　きび糖……大さじ2
　かんずり(or豆板醤)……5g
　白すりごま……大さじ1/2
　サラダ油……小さじ1/2
　鰹節粉……ひとつまみ

■作り方
① 調味料をよく混ぜ合わせる。
② 玉ねぎは皮をむき、厚さ7mmの輪切りにする。大きすぎる時は丸みを削ぐ。
③ 玉ねぎ1枚に①を2mm厚にヘラで均等に塗りつけ、もう1枚で挟む。

> 味噌をつけたら素早く生地で包んでください。新玉でなくてもOK

新玉のカレーマリネ

■材料
新玉ねぎ……450g（中3個）
酢……大さじ2
塩……小さじ2
●調味料
　きび糖……大さじ1
　カレーパウダー……小さじ1〜2
　ツナ缶……1缶
　こしょう……少々
　刻みローズマリー(or乾燥パウダー)
　　　　　　　　……少々

■作り方
① 玉ねぎは皮をむき、薄切りにしてポリ袋に入れ、塩、酢を合わせてよくもみ、30分置いて水気を誌絞る。
② ①に調味料を入れてよくもむ。塩味が足りない場合は塩（分量外）を加える。

葉玉ねぎ

■材料
葉玉ねぎ……350g
油揚げ……2枚
ごま油……大さじ1
●調味料
　味噌……70g
　きび糖……大さじ1
　白すりごま……大さじ2
　昆布粉……小さじ1
　鰹節粉……ひとつまみ

■作り方
① 葉玉ねぎは葉と玉ねぎの部分を切り離す。玉ねぎは縦半分に割って薄切り、葉は1cm幅の斜め切りにする。油揚げは縦半分に切り、5mm幅の短冊切りにする。
② 鍋にごま油を入れて熱め、①を入れて軽く炒める。
③ ②に調味料を入れて絡め、味噌がなじんだらすぐに火から下ろす。

葉玉ねぎとは

葉玉ねぎは、いわゆる玉ねぎの赤ちゃんです。玉の部分がふくらみかけたくらいの早い時期に、葉付きのまま収穫します。
玉ねぎが大きくなる前にツボミをつけてしまったものや分球し始めたものを間引いて出荷するため、出回る時期がとても短いのです。
葉玉ねぎは、玉ねぎと青ネギの両方のおいしさを楽しめるので、料理のレパートリーが広がります。
肉質は新玉ねぎよりもさらにみずみずしく、やわらかい食感なので、甘くて食べやすい反面、玉ねぎ臭さはほとんどありません。葉の部分はいくらか硬めの長ねぎのようですが、こちらも長ねぎ臭くなく、クセがないのが特徴です。

肉じゃが

焼蒸／蒸入／焼蒸

■材料
じゃがいも(皮をむいた正味)……250g
玉ねぎ……100g
人参……50g
しらたき……1/2袋
豚こま切れ肉……80g
サラダ油……大さじ1
鰹出汁……1カップ
えんどう……10さや
●調味料
　しょうゆ……大さじ3
　日本酒……大さじ2
　みりん……大さじ1
　きび糖……大さじ1

■作り方
① 豚肉は2cm角、じゃがいもは2cm角、玉ねぎは1cm幅のくし切り、人参は乱切り、しらたきは2cm幅で縦横に包丁を入れる。
② 鍋にサラダ油を熱して豚肉を炒め、肉に火が通ったら、じゃがいも、玉ねぎ、人参と出汁を加え、沸騰したらかき混ぜ、フタをして弱火で15分煮る。
③ 調味料としらたきを入れ、じゃがいもがやわらかくなったら火から下ろす。ゆでたえんどうを斜め切りにして散らす。

> おやきの具には人参を薄切りにし、煮汁を取り除いてじゃがいもをつぶすように丸めます。しょうゆで味を濃い目に

塩肉じゃが

焼蒸／蒸入／焼蒸

■材料
じゃがいも(皮をむいた正味)……300g
玉ねぎ……100g
細ねぎ……2本
豚こま切れ肉……50g
鰹出汁……100cc
●調味料
　塩……小さじ1/2
　日本酒……大さじ1

■作り方
① 豚肉は2cm角、じゃがいもは1cm厚のいちょう切り、玉ねぎは1cm幅のくし切り、細ねぎは小口切りにする。
② 鍋に出汁と調味料を入れて火にかけ、豚肉を加えて火が通ったら、じゃがいも、玉ねぎを入れる。沸騰したらかき混ぜ、フタをして弱火で15分煮る。時々かき混ぜ、水分が足りない時は足す。
③ じゃがいもがやわらかくなったら火から下ろし、細ねぎをちらす。

味噌じゃが

焼蒸／蒸入／焼蒸

■材料
じゃがいも(皮をむいた正味)……350g
きぬさや(orアスパラ)……30g
玉ねぎ……100g
ハム……3枚
バター……10g
●調味料a
　水……60cc
　サラダ油……小さじ1
　塩……ひとつまみ
●調味料b
　味噌……35g
　きび糖……大さじ2
　しょうゆ……大さじ1
　日本酒……大さじ1
　こしょう……少々

■作り方
① じゃがいもは、一口大に切って水にさらす。
② 鍋に①と調味料aを入れ、フタをして初めは中火、湯気が上がったら弱火で蒸し煮する。火が通ったら、水気を飛ばして火から下ろす。
③ きぬさやは薄切り、玉ねぎ、ハムは1cm角に切る。
④ 鍋にバターを熱し、中火で玉ねぎとハムを軽く炒め、調味料bを加え混ぜる。②ときぬさやを入れてさらに炒める。
⑤ ④を火から下ろし、じゃがいもだけを軽くつぶす。

じゃがコロ

焼 蒸 蒸入 焼/蒸

■材料
じゃがいも（皮をむいた正味）……400g
バター……10g
青菜……お好みで
●調味料
　きび糖……大さじ1/2
　みりん……大さじ1
　しょうゆ……大さじ2
　こしょう……少々

■作り方
① じゃがいもは3cm角に切って水にさらし、水気を切る。
② 鍋に水80cc（分量外）と①を入れ、弱火でフタをして、やわらかくなるまで煮る。水が足りないときは20cc足す。
③ フライパンにバターを入れ、水気を取った②を加えて、中火でバターを絡める。
⑤ 調味料を③の周りからかけ、じゃがいもを揺らして味を全体に絡め、水気がなくなり、鍋底がチリチリしてきたら火から下ろす。ゆでて刻んだ青菜を散らす。

ポテサラ

蒸入

■材料
じゃがいも（皮をむいた正味）……250g
きゅうり……1本
玉ねぎ……40g
人参……15g
ロースハム……20g
コーン……20g
酢……小さじ1
●調味料a
　水……50cc
　塩……ひとつまみ
　サラダ油……小さじ1
●調味料b
　プレーンヨーグルト……大さじ4
　きび糖……大さじ1/2
　サラダ油……大さじ1/2
　塩……4g
　こしょう……少々

■作り方
① じゃがいもは一口大に切って水にさらし、水気を切る。
② 鍋に①と調味料aを入れ、フタをして、弱火でやわらかくなるまで煮る。
③ きゅうり、玉ねぎ、人参を薄切りにし、軽く塩（分量外）をして、水気を絞る。
④ ②に火が通ったら、水気を飛ばして火から下ろし、酢を絡めてから軽くつぶして冷ます。
⑤ ③④、薄切りのロースハム、コーン、調味料bを入れてよく混ぜ合わせる。

五目長芋

焼 蒸 蒸入 焼/蒸

■材料
長芋（皮をむいた正味）……160g
ごぼう……70g
人参……30g
しいたけ……中2枚（50g）
長ねぎ……80g
日本酒……大さじ1
●調味料
　しょうゆ……大さじ11/2
　オイスターソース……大さじ1
　ごま油……大さじ1
　きび糖……大さじ1

■作り方
① 長芋はポリ袋に入れ、めん棒で細かく砕く。
② ごぼうは細かいささがき、人参は千切り、しいたけは薄切り、長ねぎは小口切りにする。
③ フライパンにごま油を熱し、ごぼう、人参、日本酒を入れて中火にかける。ごぼうが透き通ったら、しいたけ、長ねぎ、調味料を加え、弱火で3分炒める。
④ ③に①を入れ、強火で1分炒めて火から下ろす。

おさつカレー

焼 蒸無 蒸入 焼/蒸

■材料
さつまいも（皮をむいた正味）……300g
玉ねぎ……80g（中玉1/2）
ピーマン……2個
人参……20g
くるみ……20g
トマト……中1個
（orトマト水煮缶……大さじ2）
にんにくすりおろし……小さじ1
しょうがすりおろし……小さじ1
●調味料
　カレー粉……小さじ1〜2（お好みで）
　無添加コンソメ……大さじ1
　オリーブオイル……大さじ1
　赤ワイン……大さじ1
　しょうゆ……小さじ1
　塩……小さじ1/2

■作り方
① さつまいもは2cm角に切り、鍋に水50cc（分量外）と入れて、フタをして弱火でやわらかくなるまで蒸し煮して、煮汁と一緒に熱いうちにつぶす。
② 玉ねぎ、ピーマン、人参はみじん切り、トマトは皮をむいて1cm角、くるみは粗みじん切りにする。
③ 鍋にオリーブオイルを熱し、にんにく、しょうがを入れて火にかけ、玉ねぎ、ピーマン、人参を軽く炒める。
④ ③にトマトと調味料を入れて、中火で5分煮て火から下ろし、①とくるみとよく混ぜ合わせる。

甘辛おさつ

焼 蒸無 蒸入 焼/蒸

■材料
さつまいも……400g
サラダ油……大さじ3
白ごま……大さじ3
水……50cc
水or牛乳……お好みで
●調味料
　きび糖……大さじ2
　しょうゆ……大さじ2
　みりん……大さじ2

■作り方
① さつまいもはところどころ皮をむき、2cmに切って水にさらし、ザルに上げる。
② 鍋に①と水を入れ、フタをして弱火でさつまいもがやわらかくなるまで蒸し煮して、ザルにあける。
③ フライパンにサラダ油を熱し、②を入れて中火で焼き色をつける。
④ 調味料をよく混ぜ合わせ、③が熱いうちに白ごまを絡める。

味噌おさつ

焼 蒸無 蒸入 焼/蒸

■材料
さつまいも……350g
水……50cc
くるみ……30g
●調味料
　こし味噌……15g
　きび糖……大さじ11/2
　みりん……大さじ11/2
　しょうゆ……小さじ1
　バター……10g

■作り方
① さつまいもはところどころ皮をむき、2cm角に切って水にさらし、ザルにあげる。
② くるみは炒って粗く刻む。調味料をよく混ぜ合わせる。
③ 鍋に水を入れて火にかけ、沸騰したら①を入れ、フタをしてやわらかくなるまで蒸し煮して、残った水分は強火で飛ばす。
④ ③が熱いうちに調味料を入れ、よく混ぜ合わせてから、くるみを加えてざっくり混ぜる。

パサつく時には水か牛乳を少量入れ、やわらかくしてから丸めるとうまくできます

かぼちゃ煮

焼　蒸　蒸入　焼蒸

■材料
かぼちゃ……400g
水……200cc
●調味料
　きび糖……大さじ2
　みりん……大さじ2
　しょうゆ……大さじ2
　日本酒……大さじ2

■作り方
① かぼちゃは大きめに切る。
② 鍋に水、**調味料**を入れて、沸騰したらかぼちゃを入れ、落としブタをして中火で10～15分煮る。

おやきにする時は、軽くつぶしてから丸めます

かぼちゃサモサ

焼　蒸　蒸入　焼蒸

■材料
かぼちゃ……350g
玉ねぎ……50g
人参……20g
ピーマン……1個
豚ひき肉……50g
にんにくすりおろし……小さじ1
しょうがすりおろし……小さじ1
オリーブ油……大さじ1
●調味料
　カレーパウダー……小さじ2（お好みで）
　しょうゆ……大さじ1
　きび糖……大さじ1
　ソース……大さじ1
　塩……小さじ1/2（お好みで）

■作り方
① かぼちゃは一口大に切って、鍋に水50cc（分量外）を入れ、中火にかけて湯気が上がったら、弱火で蒸し煮する。
② ①が柔らかくなったら火から下ろし、粗くつぶす。
③ 玉ねぎ、人参、ピーマンはみじん切りにする。
④ フライパンにオリーブ油を熱し、にんにく、しょうがを入れて香りが立ったら、豚肉、玉ねぎ、人参、ピーマンを炒め、火が通ったら**調味料**で味を整えて火から下ろす。
⑤ ②④をよく混ぜ合わせる。

冬至かぼちゃ

焼　蒸　蒸入　焼蒸

■材料
かぼちゃ……200g
小豆餡……200g
●調味料
　きび糖……大さじ3
　バター……10g
　塩……1つまみ

■作り方
① かぼちゃは皮をむき一口大に切って、鍋に水50cc（分量外）と入れ、弱火で20分煮る。水が足りない時は足す。
② ①を熱いうちに粗くつぶし、**調味料**を混ぜ合わせる。

おやきにする時は、小豆餡20gを薄く円形にのばし、②のかぼちゃ餡20gを載せて形を整えます

白菜と豚肉の中華風

焼 蒸 蒸入 焼蒸

■材料
白菜……400g
豚こま切れ肉……80g
人参……30g
長ねぎ……30g
しいたけ(干しor生)……30g
ごま油……大さじ1
にんにくすりおろし……小さじ1
しょうがすりおろし……小さじ1
●調味料
　きび糖……大さじ1
　しょうゆ……大さじ1
　オイスターソース……大さじ1
　塩……小さじ1/2
　こしょう……少々

■作り方
① 鍋に白菜と水50cc（分量外）を入れ、強火でやわらかくなるまでゆでる。水分が足りなくなったら少量足す。広げて冷ましたら縦半分にしっかり切り、幅1cmのざく切りにして、水分を絞る。
② 豚肉は粗く切り、人参は千切り、長ねぎは小口切り、しいたけは2mm幅に切る。
③ フライパンにごま油を熱し、長ねぎ、にんにく、しょうがを入れて香りが出たら、豚肉を入れてよくほぐす。
④ ①と残りの材料、**調味料**を入れ、強火で水気を飛ばしながら炒める。薄味の場合は、塩（分量外）で味を整える。

ごま白菜

焼 蒸 蒸入 焼蒸

■材料
白菜……350g
油揚げ……2枚
えのきたけ……90g（1/2袋）
人参……30g
鰹出汁……大さじ2
日本酒……大さじ1
しょうゆ……大さじ1
●調味料
　味噌……40g
　きび糖……大さじ1と1/2
　白すりごま……大さじ2
　練り白ごま……大さじ1

■作り方
① 白菜は縦に切れ目を入れ1cm幅の薄切り、油揚げは縦に切ってから横に薄切り、人参は千切り、えのきたけは3cm幅に切る。
② 鍋に①と出汁、日本酒、しょうゆを入れ、初めは強火、沸騰したら中火でフタをして5分煮る。
③ 広げて冷まし、冷めたらポリ袋に入れて水分をしっかり絞る。
④ ③と調味料をよく混ぜ合わせる。

③の絞り汁は味噌汁やスープに使えます！

鶏ごぼう

焼 蒸 蒸入 焼蒸

■材料
ごぼう……180g
鶏もも肉……80g
生しいたけ……40g
人参……30g
ごま油……大さじ1
唐辛子輪切り……少々
鰹出汁……大さじ1
みりん……大さじ1
きび糖……大さじ1
味噌……大さじ1
しょうゆ……大さじ1

じゃがいも(皮をむいた正味)……150g
しょうゆor味噌……お好みで

■作り方
① ごぼうはささがきにして水にさらしてアクを抜き、鶏肉は粗く刻み、人参、しいたけは千切りにする。
② 鍋にごま油を熱して鶏肉を炒め、軽く火が通ったら野菜を炒める。
③ 出汁、みりん、きび糖と唐辛子を入れ、フタをして弱火で5分煮る。
④ ごぼうがやわらかくなったら、フタを取り、しょうゆを入れて中火にして3分煮る。

鶏ごぼうをおやきの具にするときは、じゃがいもを千切りにして、薄く塩（分量外）をし、水気を絞って混ぜ、しょうゆか味噌を足して味を濃い目にします

味噌きりぼし

焼 蒸 蒸入 焼蒸

■材料
切干大根……60g
人参……30g
しいたけ……30g
油揚げ……1枚
しょうが……15g
ごま油……大さじ1
日本酒……大さじ1
●調味料
　味噌……40g
　しょうゆ……小さじ2
　みりん……大さじ1

■作り方
① 切干大根はさっと洗い、水150cc（分量外）で15分戻して水気を軽く絞ったら2cm幅に切る。戻した水は取っておく。
② 人参、しいたけ、油揚げは千切りにし、しょうがは極細の千切りにする。
③ **調味料**をよく混ぜ合わせる。
④ 鍋にごま油を熱し、しょうがを炒めてから①②を軽く炒める。
⑤ ④に①で戻した水と酒を入れ、大根がやわらかくなるまで煮る。
⑥ ⑤に③としょうがを入れて味をつける。

カレー風味のきりぼし

焼 蒸 蒸入 焼蒸

■材料
切干大根……60g
ツナ……1缶
人参……30g
ピーマン……2個
酒……大さじ2
●調味料
　カレー粉……小さじ2
　しょうゆ……大さじ1
　塩……小さじ1/2

■作り方
① 切干大根はさっと洗い、水150cc（分量外）で15分戻して水気を軽く絞ったら、2cm幅に切る。戻した水は取っておく。
② 人参、ピーマンは千切りにする。
③ 鍋に①と戻した水、酒を入れ、弱火でやわらかくなるまで煮る。
④ ③にツナを入れてよくほぐし、人参とピーマンを加え、**調味料**で味を整える。

辛味大根の旨味噌

焼 蒸 蒸入 焼蒸

■材料
辛味大根……250g
豚小間切れ肉……50g
人参……30g
しいたけ……3枚
ごま油……大さじ1
日本酒……大さじ1
●調味料
　味噌……50g
　白すりごま……大さじ2

■作り方
① 大根と人参は薄い短冊切り、しいたけと豚肉は薄切りにする。
② 鍋にごま油を熱し、豚肉に軽く火が通ったら、大根、人参、しいたけ、日本酒を入れて炒め、フタをして弱火にする。
③ 大根が透き通ってやわらかくなったら火から下ろし、**調味料**を入れて絡める。

Oyaki no Column

辛味大根とは

おろし用の大根のことで、水分が少なく、おろしてもべちゃべちゃしないため、薬味として使われることが多い大根です。生食では、辛味がひときわ強いですが、加熱すると甘みが増すのが特徴。信州の伝統野菜には、坂城町・千曲市の「ねずみ大根」はじめ、多くの辛味大根があります。

味噌大根

焼 蒸 蒸入 焼/蒸

■材料
大根……400g
人参……30g
大根葉(固ゆで後の正味)……50g
塩……8g
油揚げ……2枚
味噌……40g
●調味料
　すりごま……大さじ2
　きび糖……大さじ2
　ごま油……大さじ1
　鰹節出汁……大さじ3
　日本酒……大さじ1

■下処理
① ゆでた大根の葉は3mmの薄切りにして固く絞る。
■作り方
② 大根と人参は千切りにし、塩をして軽くもんでしばらく置いたら水分を絞り、320g前後にする。
③ 油揚げは縦半分に切り横5mm幅の薄切りにする。
④ 鍋にごま油を熱し、②③を入れてよく炒め、しんなりしてきたら調味料を入れてよく混ぜ合わせ、フタをして弱火で5分煮る。
⑤ ①を入れたら、強火で水分がなくなるまで3分炒める。

れんこん

焼 蒸 蒸入 焼/蒸

■材料
れんこん(直径6cm)……16cm
●調味料
　味噌……60g
　きび糖……大さじ2
　白すりごま……大さじ1/2
　サラダ油……大さじ1/2
　鰹節粉……少々
　ピザ用チーズ……10g

■作り方
① れんこんは薄く皮をむき8mm厚に切って水にさらし、水気を切る。
② 鍋に熱湯を沸かして①を入れ、強火で2分ゆでて冷水に取り、ザルに上げる。
③ 調味料をよく混ぜ合わせ、最後にチーズを入れてさっくり混ぜる。
④ ②の水気をペーパータオルで取り、1枚に③をゴムべらで2mm塗ったら、もう1枚を重ねる。

> れんこんのサイズは、小さくても大きくてもOK。ただし合わせる2枚は同じくらいの大きさで

ねぎ玉味噌

焼 蒸 蒸入 焼/蒸

■材料
長ねぎ……350g
しめじ……80g
卵……1個
ごま油……大さじ1
味噌……70g
きび糖……大さじ1
鰹節……小袋1袋

■作り方
① 長ねぎは1cm幅の小口切り、しめじは手で細かくちぎる。
② 卵をほぐしておく。
③ フライパンにごま油を熱し①をさっと炒めたら、味噌ときび糖を入れて中火で炒める。
④ 味噌が溶けたら鰹節を入れてさっと混ぜ、②を回し入れる。かき混ぜ過ぎないように全体に火を通して、すばやく火から下ろす。

> 長ねぎは炒め過ぎるとベチャっとなるので、手早く仕上げるのがコツです

五目野沢菜

焼蒸蒸焼

■材料
野沢菜漬け(塩抜き後の正味)……300g
切干大根……10g
人参……25g
油揚げ……1枚
しいたけ……4枚
細切り昆布……5g
鰹出汁……100cc
しょうゆ……大さじ3
日本酒……大さじ2
きび糖……大さじ1

■下処理
① 野沢菜漬けは5mm幅に切って熱湯を沸かした鍋に入れ、再沸騰してから3分ゆでる。
② ①を冷水に取り、水を替えながら少し塩分が残る程度まで塩抜きして、水気を絞る。

■作り方
③ 切干大根はさっと洗って3cm幅、人参、しいたけ、油揚げは千切りにする。
④ 鍋に野沢菜、切干大根、人参、細切り昆布、出汁、日本酒を加えて、弱火で10分煮る。
⑤ ④に、しいたけ、油揚げ、きび糖を加え、野沢菜がやわらかくなるまで煮る。
⑥ ⑤にしょうゆを回し入れ、時々かき混ぜながら強火で5分間煮詰める。

野沢菜の中華風

焼蒸蒸焼

■材料
野沢菜漬け(塩抜き後の正味)……300g
豚こま切れ肉……100g
長ねぎ……50g
日本酒……大さじ1
しょうが……8g
ごま油……小さじ2
●調味料
　しょうゆ……大さじ2
　きび糖……大さじ1
　オイスターソース……小さじ1
　塩、こしょう……少々

■下処理
① 野沢菜漬けは5mm幅に切って熱湯を沸かした鍋に入れ、再沸騰してから3分ゆでる。
② ①を冷水に取り、水を替えながら少し塩分が残る程度まで塩抜きして、水気を絞る。

■作り方
③ 豚こま切れ肉は粗く刻んで、長ねぎは薄い小口切り、しょうがはすりおろす。
④ 鍋にごま油小さじ1を熱して野沢菜をよく炒め、日本酒と水少々(分量外)を入れて、フタをして野沢菜がやわらかくなるまで弱火で煮る。
⑤ 別鍋にごま油小さじ1を熱し、長ねぎとしょうがを中火で炒め、香りが出たら豚こま切れ肉を加えてよく炒める。
⑥ ④と**調味料**を⑤に入れ、強火で5分炒めて味をなじませる。

味噌野沢菜

焼蒸蒸焼

■材料
野沢菜漬け(塩抜き後の正味)……300g
人参……20g
しめじ……80g
厚揚げ……1/2枚
鰹出汁……100cc
味噌……40〜60g
　(塩抜き加減でお好みで)
●調味料
　細切り昆布……3g
　日本酒……大さじ2
　きび糖……大さじ1
　しょうゆ……大さじ1/2

■下処理
① 野沢菜漬けは5mm幅に切って熱湯を沸かした鍋に入れ、再沸騰してから3分ゆでる。
② ①を冷水に取り、水を替えながら少し塩分が残る程度まで塩抜きして、水気を絞る。

■作り方
③ 人参は千切り、しめじは手で粗くちぎる。厚揚げは拍子木切りにするく。
④ 鍋に出汁と野沢菜を入れて沸騰したら、フタをして弱火で10分煮る。水分が足りないようなら少しずつ足す。
⑤ 野沢菜がやわらかくなったら、③と**調味料**を入れて5分煮る。
⑥ 火から下ろして味噌を入れよく混ぜ合わせる。

野沢菜かぶ

焼 蒸無 蒸入 焼/蒸

■材料
野沢菜かぶ……300g
しめじ……50g
人参……20g
長ねぎ……30g
ごま油……大さじ1
●調味料
　味噌……60g
　すりごま……大さじ2
　きび糖……大さじ1
　昆布粉……小さじ1
　鰹節粉……ひとつまみ

■作り方
① 野沢菜かぶと人参は千切り、長ねぎは5mm幅の小口切りにする。しめじは手で細かくちぎる。
② 鍋にごま油を熱し、長ねぎ以外の野菜を炒める。
③ かぶがやわらかくなったら、**調味料**と長ねぎを入れて混ぜ合わせる。

ツナかぶ

焼 蒸無 蒸入 焼/蒸

■材料
野沢菜かぶ……350g
青菜(固ゆで後の正味)……50g
くるみ……25g
サラダ油……大さじ1
日本酒……大さじ1
ツナ缶……1/2缶
●調味料
　しょうゆ……大さじ1
　塩……小さじ1/4
　こしょう……少々

■作り方
① 野沢菜かぶは薄い拍子木切り、青菜は1cm幅、くるみは粗みじんにする。
② フライパンにサラダ油を熱し、野沢菜かぶを弱火で炒める。油が絡んだら酒を入れて、フタをしてかぶが透き通るまで中火で蒸し焼きにする。
③ ②にツナと**調味料**を入れ、水分を飛ばしながら強火で3分炒める。
④ 青菜とくるみを入れ、さっと炒めて火を止める。

信州の野沢菜

全国的によく知られている「野沢菜」は、もともと「蕪菜〔かぶな〕」と呼ばれていました。
野沢温泉村にスキー場ができたのが大正7年。都会から訪れるようになったスキーヤーたちが好んで食べたのが、地元では「お葉漬け」と呼ばれていた野沢菜の漬物です。漬物にしていた蕪の葉の部分が、次第に「野沢菜」という愛称で呼ばれるようになりました。
「野沢菜」の起源は、京都の「天王寺蕪」と言われています。野沢温泉村にある健命寺の住職が京都へ遊学した際にこの種を持ち帰り、野沢温泉の地で栽培をしたところ、茎の部分が大きく成長して、現在の形になったといいます。「お葉漬け」と呼ぶのはそのためです。信州では晩秋、各家庭ならではの方法で野沢菜を漬け、冬の間にお葉漬けを楽しんできました。蕪は畑から掘り返して乾燥させ、冬の間の保存食として重宝されてきましたが、現在では畑に埋もれたままで、春になるとそのまま耕されて肥料となってしまうことも多くなりました。
しかし、冬のおやきに「野沢菜かぶ」は欠かせないこともあり、最近では、昔懐かしい味を復活させようと道の駅や直売所に野沢菜かぶが並ぶようになってきています。

あっさり中華きのこ

焼 蒸 蒸入 浸煮

■材料
きのこ3種
（しめじ、えのきたけ、エリンギなど）
……全体で300g
なす……100g
長ねぎ……60g
ごま油……大さじ1
鷹の爪……少々
●調味料a
　すりおろしにんにく……小さじ1
　酒……大さじ1
●調味料b
　オイスターソース……大さじ1
　しょうゆ……大さじ1
　塩……小さじ1/2
　きび糖……ひとつまみ

■作り方
① きのこは石づきを取って、食べやすい大きさにちぎったり切ったりする。
② なすは皮をむいて薄い拍子木切り、長ねぎは薄いそぎ切りにする。
③ フライパンにごま油と鷹の爪を熱して①と**調味料a**を強火で炒め、火が通ったらフタをして弱火で5分煮る。
④ ③になす、長ねぎを加え、水分を飛ばしながら強火で炒める。なすに火が通ったら、**調味料b**を入れて火を止める。

洋風きのこソテー

焼 蒸 蒸入 浸煮

■材料
きのこ
（しめじ、エリンギ、えのきたけ、舞茸など）
……全体で250g
ほうれん草（固ゆで後の正味）……100g
玉ねぎ……100g
人参……20g
ベーコン……30g
味噌……30g
●調味料
　白ワイン……大さじ1
　塩……小さじ1/2
　こしょう……少々
　バター……0g

■下処理
① ほうれん草はゆでてから2cm幅に切り、しっかり水気を絞る。

■作り方
② きのこは石づきを取って、食べやすい大きさにちぎったり切ったりして2cm角にする。
③ ベーコン、人参は千切り、玉ねぎは薄切りにする。
④ フライパンにベーコンを入れて強火で炒め、油が出たら中火で玉ねぎ、人参を炒める。
⑤ ④に②を入れて火を通し、**調味料**を加えてなじんだら、バターを入れて火からおろす。
⑥ 余熱があるうちに、①と味噌を加えて混ぜる。

麻婆風えのきステーキ

焼 蒸 浸煮

■材料
株元えのき……10枚
サラダ油……大さじ2
日本酒……大さじ3
しょうゆ……大さじ3
みりん……大さじ2
バター……15g
麻婆味噌……大さじ山盛り10

※作り方はP61参照

■作り方
① 株元えのきは石づきが入り込んだ箇所をようじで取り除く。
② フライパンにサラダ油を熱してえのきの株下を下にして並べたら、フタをして中火で焼く。パチパチと音がしたら、1枚に日本酒小さじ1ずつかけて、フタをして片面を2分焼く。
③ ②を裏返して、しょうゆとみりんを合わせたものを同じように小さじ1ずつかけて、フタをして弱火で2分焼き、そのまま取り出して冷ます。
④ ③の上に小麦粉（分量外）を振り、1個につき薄く切ったバター1.5g、麻婆味噌を大さじ山盛り1杯載せ、こぼれないように手で押さえておく。

③で冷ます時は上下を変えないこと。使う前に冷凍すると繊維がやわらかく、栄養吸収がよくなります

五目炒り豆腐

焼 蒸無 蒸入 焼/蒸

■材料
木綿豆腐……1丁(300g)
しめじ……100g
いんげん……30g
人参……20g
油揚げ……1枚
長ねぎ……40g
卵……1個
サラダ油……大さじ1
●調味料
　しょうゆ……大さじ1
　きび糖……大さじ1
　日本酒……大さじ1
　塩……小さじ1/2
　昆布粉……小さじ1
　鰹節粉……少々

■作り方
① 鍋に湯を沸かして木綿豆腐をざっくりと割りながら入れ、再沸騰して1分したらザルにあけ、冷ます。
② しめじは手で粗くちぎり、いんげんは斜め細切り、人参は千切り、油揚げは短冊切り、長ねぎは5mmの小口切りにする。
③ 鍋にサラダ油を熱し、長ねぎ以外の②を入れて炒め、しんなりしたら①を潰しながら入れて、炒める。
④ ③に調味料を入れ、水分がなくなるまで炒めたら、卵を入れて大きく混ぜ合わせ、長ねぎを加えて火を止める。

味噌おから

焼 蒸無 蒸入 焼/蒸

■材料
おから……120g
長ねぎ……50g
しいたけ……2枚
人参……30g
ごぼう……30g
油揚げ……1/2枚
ちくわ……1/2本
味噌……40g
ごま油……大さじ1
鰹と昆布出汁……250cc
●調味料
　きび糖……大さじ1
　日本酒……大さじ1
　しょうゆ……小さじ1

■作り方
① 長ねぎは5mmの小口切り、ごぼうと人参は薄いいちょう切り、ちくわは縦半分に包丁を入れて薄切り、油揚げとしいたけは薄切りにする。
② 鍋にごま油を熱し、長ねぎ以外の①を軽く炒めたら出汁を入れ、フタをして弱火で10分煮る。
③ ②に調味料とおからを入れて、水分を飛ばすように炒りつける。
④ 水分が飛んだら長ねぎを加え、全体がしっとりするまで炒めたら、弱火にして味噌を入れ、混ぜ合わせて火を止める。

> なめらかにしたい場合は、④の後に溶き卵1/2個（分量外）を加えます

おからサラダ

焼 蒸無 蒸入 焼/蒸

■材料
トーフミール……60g
熱湯……100cc
玉ねぎ（塩もみ後の正味）……100g
人参（塩もみ後の正味）……20g
いんげん……60g
ハム……40g
●調味料
　マヨネーズ……50g
　味噌……30g
　きび糖……大さじ1と1/2
　塩……ひとつまみ
　こしょう……少々

■下処理
① 玉ねぎは薄切り、人参は千切りにして、ビニール袋に入れ塩（分量外）でもんで水分を軽く絞る。

■作り方
② トーフミールは熱湯を注ぎ、よく混ぜ合わせる。
③ いんげんはゆでて斜め切り、ハムは千切りにする。
④ ①②③と調味料をよく混ぜ合わせる。

> 「トーフミール」はみすずコーポレーション（長野市）の商品。信州名産のこうや豆腐を粉末状に加工した粉とうふのことで、とても便利です

黒糖入り小豆あん

焼 蒸 蒸入 凍蒸

■材料
小豆……200g
きび糖……80g
黒糖……80g
塩……3g
水……適量

■作り方
① 小豆はよく洗って鍋に移し、小豆がかぶるくらいの水を入れて強火で沸騰させたら、中火で10分煮る。湯が茶色になったらザルにあけてさっと洗う。
② ①を鍋に戻し、再びかぶるくらいの水を注ぎ、フタをして湯の中で豆が静かに踊るぐらいの火加減を保って煮る。アクはこまめに取る。
③ 水分が減ったら少量ずつ湯を加え、指先で豆が潰れるぐらいまで1時間ほど煮る。
④ 火を止めて30分蒸らす。
⑤ 再び弱火にかけ、きび糖を入れて10分煮たら、黒糖を入れてさらに煮詰めて、水分を飛ばす。
⑥ 木べらで混ぜた時に一瞬鍋底が見えるぐらいになったら、塩を入れて火を止める。

月餅あん

焼 蒸 蒸入 凍蒸

■材料
こし小豆あん（味付けなし）……250g
きび糖……50g
黒糖……30g
塩……3g
水……180cc
ナッツ類
（くるみ、アーモンドなど）……20g
ドライフルーツ類
（レーズン、アンズなど）……25g
ごま油……大さじ1
白ごま……8g

■作り方
① 鍋に水を入れ、きび糖、黒糖、塩を強火で溶かす。
② ①にこし小豆あんを入れ、弱火で練り上げる。
③ ナッツ類、ドライフルーツ類は粗みじんに切り、②がぼったりしたら、ごま油、白ごまと一緒に入れて火を止める。

生地に卵と砂糖を入れると黄色になって、さらに月餅らしくなりますよ。

金時豆

焼 蒸 蒸入 凍蒸

■材料
金時豆……150g
きび糖……120g
塩……4g
水……適量

■作り方
① 金時豆はよく洗い、一晩たっぷりの水に浸しておく。
② 炊飯器に、水気を切った①と豆がひたるぐらいの水を入れて「おかゆ」メニューで炊く。炊き上がったらかたさを確認し、好みの硬さになるよう「保温」で調整する。
③ ②がやわらかくなったら、ザルにあけて湯切りをする。
④ ③を鍋に入れ、きび糖40gを入れて、弱火で煮る。残りのきび糖40gずつ5分間隔で入れ、塩は最後のきび糖と一緒に入れる。水分がなくなったら火を止める。

黄身あん 〔餡〕

■材料
白あん（味付なし）……250g
きび糖……80g
塩……3g
卵の黄身……2個分
練乳……10g
水……200cc

■作り方
① 鍋に水を入れて熱し、きび糖と塩を溶かしたら、白あんを入れる。水が足りなければ少し足し、ごく弱火で煮詰める。
② かために練り、広げて粗熱を取る。
③ 黄身はザルで濾す。
④ 鍋に②③と練乳を入れて、木べらでなめらかになるまで混ぜたら、弱火でゆっくりとかき混ぜながら火を通す。
⑤ 透明感がなくなり、ぼったりとしてきたら、火を止めて広げて冷ます。

くるみあん 〔餡〕

■材料
白あん（味付なし）……250g
くるみ……30g
きび糖……80g
こし味噌……8g
白すりごま……5g
クリームパウダー……大さじ1
塩……3g
水……200cc

■作り方
① くるみはフライパンで乾煎りし、軽くたたいて砕く。
② 鍋にきび糖、塩、白すりごま、クリームパウダーを入れてよく混ぜ、弱火で水を少しずつ入れて溶かす。きび糖が溶けたら味噌を入れて溶かす。
③ ②に白あんを入れ、フタをしてごく弱火で煮る。時々かき混ぜながら、ぽったりとするまで煮る。
④ くるみを入れたら、広げて冷ます。

いきなり団子風 〔餡〕

■材料
さつまいも……300g（1本）
粒あん……200g

■作り方
① さつまいもは皮をむき、厚さ1cmの輪切りにする。
② 底の広い鍋に水50cc（分量外）と①を並べ、フタをして中火で10分ゆでる。少しかたいぐらいで取り出す。
③ 粒あん20gとさつまいも1枚を重ねる。

「いきなり団子」は熊本県の郷土菓子。さつまいもと小豆あんを重ねて、生地で包んで焼いたもので、おやきと見た目が似ています

りんご&バナナ

■材料
- りんご（あれば紅玉）……中2個
- バナナ……2本
- レモン汁……小さじ1
- レーズン……20g
- バター……20g
- きび糖……40g
- ブランデー……小さじ1（お好みで）
- シナモン……ひとつまみ

■作り方
① りんごは皮と芯を取って8等分にし、1cm幅に切って塩水に入れる。バナナは1cmの輪切りにしてレモン汁をかける。レーズンは粗く刻む。
② フライパンにバターを熱し、水気をふき取ったりんごを入れ、透き通るぐらいまで中火で炒めたら、バナナとレーズンを入れ、絡めながら炒める。
③ ②にきび糖、ブランデーとシナモンを入れ、強火にして焦げ目がつくように手早く炒める。

りんごは、分量の1%の塩を入れた塩水に入れると、色が変わらない！

ピリ辛りんご

■材料
- りんご……400g（中2個）
- ●調味料
  - 味噌……30g
  - 白ごま……大さじ1 1/2
  - きび糖……大さじ1
  - サラダ油……大さじ1
  - 赤唐辛子輪切り……少々
  - 昆布粉……小さじ1/2
  - 鰹節粉……ひとつまみ

■作り方
① りんごは皮をむき、半分は8等分にして薄切り、もう半分は千切りにして、塩水に入れる。
② ①の水分を切り、**調味料**とよく混ぜ合わせる。

ちょこあん

■材料
- 白あん（味付なし）……250g
- きび糖……80g
- クリームパウダー……8g
- ココアパウダー（無糖）……5g
- 塩……3g
- ミルクチョコ……10片
- 水……200cc

■作り方
① 鍋にきび糖、クリームパウダー、塩を入れてよく混ぜ、水を少しずつ入れて弱火で溶かす。
② きび糖が溶けたら白あんを入れて混ぜ、時々かき混ぜながら、フタをしてぼったりとするまで極弱火で煮る。
③ ココアパウダーを入れ、色が均等になるまで混ぜて火から下ろす。
④ 広げて冷まし、チョコレート片を中心に入れて丸める。

生地にココアパウダー小さじ1/2を入れると、風味が増して、見た目もちょこおやきになります

おやきの具 ● 味索引

しょうゆ

定番／野沢菜 ……………… 51
定番／きりぼし大根 …… 51
定番／かぼちゃ ………… 52
定番／おから …………… 53
そぼろ雪菜 ……………… 60
肉じゃが ………………… 66
じゃがコロ ……………… 67
甘辛おさつ ……………… 68
かぼちゃ煮 ……………… 69
鶏ごぼう ………………… 70
五目野沢菜 ……………… 73
五目炒り豆腐 …………… 76

味噌

定番／きざみなす ……… 51
定番／野菜ミックス …… 52
定番／にら ……………… 52
定番／和風きのこ ……… 53
定番／ゆず大根 ………… 53
ふきのとう ……………… 57
山菜ミックス …………… 57
淡竹と蕗の味噌風味 …… 57
こごみ …………………… 58
のびる …………………… 58
雪菜 ……………………… 59
野沢菜の葉っぱ ………… 60
丸なす …………………… 61
みょうが ………………… 62
錦糸瓜 …………………… 63
丸ごとピーマン ………… 64
モロッコいんげん ……… 64
新玉の辛味噌 …………… 65

葉玉ねぎ ………………… 65
味噌じゃが ……………… 66
味噌おさつ ……………… 68
ごま白菜 ………………… 70
味噌きりぼし …………… 71
辛味大根の旨味噌 ……… 71
味噌大根 ………………… 72
れんこん ………………… 72
ねぎ玉味噌 ……………… 72
味噌野沢菜 ……………… 73
野沢菜かぶ ……………… 74
味噌おから ……………… 76
ピリ辛りんご …………… 79

塩

梅紫蘇オクラ …………… 63
やたら …………………… 64
塩肉じゃが ……………… 66
ツナかぶ ………………… 74
わらび …………………… 58
大根葉のナムル ………… 60

エスニック

夏野菜カレー …………… 62
カレーもやし …………… 63
新玉のカレーマリネ …… 65
おさつカレー …………… 68
かぼちゃサモサ ………… 69
カレー風味のきりぼし… 71

中華

中華風ほうれん草 ……… 59

麻婆なす　　　　　　　 61
五目長芋 ………………… 67
白菜と豚肉の中華風…… 70
野沢菜の中華風 ………… 73
あっさり中華きのこ …… 75
麻婆風えのきステーキ… 75

洋風

菜の花 …………………… 59
夏野菜ラタトゥイユ…… 62
ポテサラ ………………… 67
洋風きのこソテー ……… 75
おからサラダ …………… 76

甘味　あん

定番／つぶあん ………… 54
定番／黒ごまあん ……… 54
冬至かぼちゃ …………… 69
黒糖入り小豆あん ……… 77
月餅 ……………………… 77
金時豆 …………………… 77
黄身あん ………………… 78
くるみあん ……………… 78
いきなり団子風 ………… 78
ちょこあん ……………… 79

甘味　果物

定番／りんご＆おさつ… 54
りんご＆バナナ ………… 79
ピリ辛りんご …………… 79

もっと上手に作りたい！

生地の丸め方・包み方講座
おやきの Q&A

生地の丸め方・包み方講座

生地を上手にこねて、具がおいしくできて、さあ準備万端！
でも、あれ？あれあれ？ おやきが丸くならない、生地が破けた、底が厚くなった——。上手に作りたいと思えば思うほど、おやきのファイナルステージはハードルが高いかもしれません。
ここでは、生地の表面を滑らかにする丸め方と、円形になる伸ばし方、手粉・手水を使った包み方を紹介します。
これであなたも「おやき名人」間違いなし！

> おやき生地の形成をマスターしますっ！

基本 生地の丸め方

手粉をつけて包む生地の丸め方です。
この段階で表面を滑らかにしておくと、出来栄えがよくなります。

1. 手粉をつけ、10等分した生地のひとつを左手に載せたら、左手はピンと伸ばして、右手は少しくぼませて生地を挟む。

2. 左手の母指丘に生地を押し付けながら、右手の親指ですり込むように回転させて、形を整える。

　………母指丘

CHECK!

CHECK! 表面に切れ目やしわが寄ってきれいにならない時は、きれいな部分をぐっと突き出して、きれいではない部分を中に押し込んで丸めてもよい。

[基本] 生地の伸ばし方

手粉をつけて包む生地の伸ばし方です。
きれいな円形にすると具を包みやすくなります。

1. 手粉をつけ、丸めた生地を両手ではさんで、厚さ1cm、手のひらの大きさになるくらいまで、生地をつぶす

2. 左手の母指丘と4本の指で押さえ、右手親指と4本指で生地を軽く引っ張りながら時計まわりに回し、伸ばしていく。

3. 中心を厚く、外側を薄く伸ばす。

4. 表面がきれいな方を下側にして、左手の上に広げる。

生地の丸め方・包み方講座

生地の包み方

手粉をつけて扱う生地と、手水をつけて扱う生地の包み方です。生地の分量、具の状態によってコツがあります。

 多い生地 × 水分の少ない丸めやすい具

レシピの基本量（300g）を10分割します。切り取った生地は集めて丸め直して使いましょう。

1. 真ん中に具を載せ、具を載せた形のまま、左手親指で具を押さえながら、右手の親指と人指し指の間に持ち替える。

2. 左手の親指で、具を軽く押し込むようにしながら、同時に右手の親指と人指し指全体で、具の周りの生地を持ち上げる。

3. 周りの生地が十分持ち上がったら、生地の上の方だけをつかんでキュッと絞る。

4. 絞った先を指で切り取る。

5. 切り取った部分に手粉を付けて、両手で優しく握りながら、形を整える。

 水分量多い生地 × 水分の少ない丸めやすい具

4本指の上で生地を広げて包むのがコツです。穴が開いても破れても、とりあえずフライパンに載せてのせてしまえば、継ぎはぎ可能です。

1. 両手の5本指に手水をつけたら、右手で生地をつかみ、10cmほど持ち上げたら、左手親指と人指し指でピンポン玉大を切り取る。

   CHECK! 引っ張ってちぎらない。

2. 生地をそのまま左手の4本指の上に載せたら、手水をつけて生地を広げる。

   CHECK! 手の平に載せない。

3. 生地の真ん中に具を載せ、左手指先の生地を引っ張りあげ、手前に持ってきて具にかぶせる。

4. 3の右側の生地をすくい上げ、具にかぶせた生地の上に重ねる。

5. 手前の生地をすくい上げ、さらに重ねる。

6. 左側の生地をすくい上げて重ね、口を全部閉じたら、右手に持ち替えたりせずに、そのまま左手を返してフライパンに載せて焼き固める。

生地の丸め方・包み方講座

手粉　多い生地 × 水分多めの野菜の具

レシピの基本量（300g）を10分割します。具を押さえながら、具の上を包んでいくイメージです。

1. 伸ばした生地の真ん中に具を載せる。

   CHECK! 具の水分が手に付くので、そのたびにキッチンペーパーで水分をふきながら包む。

2. 左手の親指で具を軽く押さえながら、右手の親指と人指し指でつまんで立てた生地を持ち上げ、右手の人指し指で次の生地を薄くたぐり寄せて、ひだを作って重ねていく。これを繰り返す。

3. 左手の親指を抜いて、口を閉じ、余分な生地はキュッとつまんで絞り取る。

   CHECK! 具が出てこないように、口を閉じるまで、左手の親指を残したままにする。

手水　水分量多い生地 × 水分多めの野菜の具

載せた具に触らないように生地だけを薄く伸ばし、優しく重ねていきましょう。具が崩れると一気に難易度がアップします。

1. 左手をお椀型にして、広げた生地の真ん中に具を固定する。

2. 左手指先の生地を手前に持ってきて具に重ねたら、右側、手前、左側の生地の順番で重ね、口を全部閉じたら、そのまま左手を返してフライパンに載せる。

手粉 少ない生地 × 水分の少ない丸めやすい具

レシピの基本量を12分割以上にした場合です。中心を厚くしながら、全体的に薄く伸ばすのがコツです。

1. 伸ばした生地の真ん中に具を載せ、右手で具をギューと押し込みながら、左手で周囲の生地を押し上げ、左手の親指で具を押さえながら、右手でさらに生地を持ち上げる。

2. 右手の親指と人指し指で生地の右隅を薄くつまみ上げ、周囲の生地を同じようにつまみながら口を閉じる。

手粉 少ない生地 × 水分多めの野菜の具

レシピの基本量を12分割以上にした場合です。生地が破れやすいので、薄くつまんで伸ばしながら寄せませしょう。

1. 伸ばした生地の真ん中に具を載せ、割りばし、ヘラ、スプーンなどを使って具を押し込みながら、左手で周囲の生地を押し上げる。

2. 左手の親指で具を押さえながら、右手の親指と人指し指で生地をつまみ上げ、周囲の生地をたぐり寄せて、口を閉じる。

CHECK! 具の水分が手に付くので、そのたびにキッチンペーパーで水分をふきながら包む。

生地の丸め方・包み方講座

手粉　湯ごね生地 × 全ての具

生地に伸縮性がないので、餃子の皮より一回り大きく伸ばすと包みやすくなります。無理に寄せると亀裂が入るので注意しましょう。

1. 打ち粉したまな板に丸めた生地を置き、押しあてためん棒をコロコロと転がして厚さが1cmほどになったら、生地を回転させながら、中心を厚く周辺を薄くなるように丸く伸ばす。

2. 伸ばした生地の真ん中に具を載せた形のまま、右手の親指と人指し指の間に持ち替えて、左手の親指で具をギューと押し込みながら、具を包み込むように周囲の生地をすぼめる。余分な生地を寄せ集めて、ギュッと固めてつまみ取る。

手粉　多い生地 × 丸めることができない具

生地の中にぎゅっ、ぎゅっと具を詰め込むイメージで押し付けます。具を固めた方が包みやすくなります。

1. 生地を置いた左手をお椀型にして具をスプーンで載せ、そのスプーンを押し付けながら、左手で生地を押し上げる。

2. 右手の親指と人指し指で生地をつまみ上げ、周囲の生地をたぐり寄せて、口を閉じる。余分な生地があれば、つまみ取る。

生　地

Q1. 強力粉、中力粉、薄力粉の違いはなんですか？

A1. 含まれるタンパク質の割合と、小麦品種によって形成されるグルテンの性質で、薄力粉、中力粉、強力粉に分類されます。

▶強力粉：主に硬質小麦を原料とした粒度の粗い小麦粉で、タンパク質の割合が中力粉より高く、グルテンは弾力性、粘着性があります。グルテンが強く、しっかりした生地形成ができることから、パンやピザ生地、中華麺、中華まん、餃子の皮などの主原料に使われます。

▶中力粉：中間質小麦を原料とした小麦粉で、強力粉と薄力粉の中間の性質を持ちます。もっちりとした食感があり、うどんやお好み焼き、たこ焼きなどに使われます。

▶薄力粉：軟質小麦を原料とした粒度の細かい小麦粉で、タンパク質の割合が中力粉より少なく、弾力性、粘りが少ないため、サクッとした触感を生かしてクッキーや天ぷらの衣、ケーキやホットケーキなどの主原料に使われます。

［小麦粉の種類］

	強力粉	中力粉	薄力粉
グルテン量	多い	⇔	少ない
グルテンの性質	強い	⇔	弱い
小麦粉の粒度	粗い	⇔	細かい
原料小麦の種類	硬質	中間質 or 軟質	軟質

Q2. 地粉とは？

A2. 小麦粉や蕎麦粉などのうち、消費県内で収穫された原料を元に、生産県内で製粉して作られた粉のことです。狭義には小麦粉のみを指し、その多くは「うどん粉」と呼ばれる中力粉です。最近は国産小麦品種が増えて、強力粉、薄力粉も生産されています。

Q3. おやきには中力粉がいいのですか

A3. おやきは郷土食で、もともと「地粉」（中力粉）で作られてきた歴史があります。地域によって品種や栽培法が異なるさまざまな地粉があり、その地域ごとに独自のおやきが作られてきました。近年になってから、製パン性のある強力粉が国内で生産されるようになり、現在ではおやきは中力粉でも強力粉でもおいしく作れます。

Q4. 膨らし粉（膨張剤）の特徴を教えてください

A4. この本では3種類の膨らし粉を使っています。

▶ベーキングパウダー：炭酸水素ナトリウム（重炭酸ナトリウム、重曹）と酸性剤の中和反応によって炭酸ガスが発生し、そのガスが生地を膨張させます。水分によって分解されるため、最初に小麦粉とよく混ぜ合わせてから生地を練

おやきのQ&A

り、手早く分割して、生地を休ませる必要があります。

▶重曹：炭酸水素ナトリウムのことで、別名の重炭酸曹達（ナトリウムは英語でソーダ）を略して重曹と呼ばれています。重曹は65℃以上の高温下で水と反応し、炭酸ナトリウムと二酸化炭素、水に分解。この二酸化炭素が生地を膨らませるガスになります。反応後、炭酸ナトリウムが残るので、大量に使うと苦味が発生したり、小麦粉に含まれるフラボノイド系色素が炭酸ナトリウムと反応して、生地が黄色くなったりします。粉末のまま小麦粉に混ぜると、こね具合により黄色の粒が生じることがあります。

▶ドライイースト：イースト菌（酵母菌）は自然界に存在する微生物で、糖分をアルコールに変える働きを持っています。生地に含まれる糖分や小麦粉を栄養分にして生地を発酵させ、この時に炭酸ガスとアルコールが発生し、生地が膨張します。ドライイーストはイースト菌を乾燥させて顆粒状にしたものです。

Q5. 粉と水を混ぜる時は、菜箸を使った方がいいですか

A5. 小麦粉に水を入れる時、手を直接入れると、粉と水分がベッタリと手についてしまいます。不必要に手が汚れるだけでなく、粉の分量も減ってしまうため、最初の9割の水を入れる時には菜箸やゴムベラを使って、小麦粉と水をよくなじませます。その後、残りの水を入れ、さらに菜箸などでよく混ぜ合わせ、水分がなくなったら手でよく練ります。小麦粉の量が多い場合は、菜箸を逆さにし、太い方を使ってかき混ぜると楽です。

Q6. 粉と水を混ぜる時、水分を一気に入れてはダメですか

A6. 水分が少ない生地の場合、全量を一気に入れてしまうと「粉ダマ」ができ、全体に水分が回りにくくなります。少量を残して、2段階で水分を入れる方が早く練ることができます。水分量が多い場合（粉重量の70％以上が目安）は、分割回数を3回に分けて水を加えると、グルテンが早く出て、全体に水分が回りやすくなります。

Q7. ぬるま湯の温度はきちんと計った方がいいですか

A7. 生地に水が回る（水和）のを早めて、滑らかな生地にするためには、生地温度を30℃くらいに仕上げる必要があります。そのため、夏は32℃前後、冬は38℃前後の温水でこねるといいでしょう。温度計がない場合は、お風呂のぬる湯程度と覚えておきます。

Q8. 小麦粉だけで作ったおやきが、すぐにかたくなるのはなぜですか

A8. 小麦粉の主成分である「でんぷん」の老化が原因です。でんぷんに水を加えて加熱すると糊化〔こか〕が始まり、温度が上がるにつれて粘性が増し、全体がやわらかな糊〔のり〕状になります。そのまま温度を下げていく（冷却する）と徐々に粘性を失って離水を起こし、でんぷんの老化が始まります。2〜4℃の温度帯で最も老化現象が進み、生地がかたくなります。

Q9. グルテンの役目はなんですか

A9. グルテンは、小麦などの穀物の胚乳から生成されるタンパク質のグルテニンとグリアジンが水を吸収して、網目状につながったものです。小麦粉に水を加えてこねることで、これら2つのタンパク質が絡み合ってグルテンが形成されます。グルテンは粘着力と弾力を適度に兼ね備えているため、小麦加工品を作る上で弾性や柔軟性を出したり、膨張を助けたりと重要な役目を担っています。

Q10. 生地を休ませるとはどういうことですか

A10. 小麦粉のグルテンは乾燥した状態では働きませんが、水分を与えてこねると、タンパク質同士で結合し、網目構造を持った粘弾性のあるグルテンが形成されます。時間が経過することで弾性が緩和して、成形しやすい生地になります。弾性を緩和させる時間を取るために、生地を休ませることが必要なのです。その時間は小麦粉の種類と水分量にもよりますが、30分から1時間、分割生地でも15分は必要です。

Q11. 中力粉が近くで手に入らない時は、どうすればいいですか

A11. 中力粉にこだわらず、強力粉や薄力粉でもおやきを作ってみましょう。食感が違うおやきも楽しいものです。でんぷんの質が違う小麦粉をブレンドするよりは、それぞれの特性を知って、おやき作りを楽しみましょう。強力粉は水分が多めの生地や膨らし粉を入れた生地がおすすめです。もっちりふっくら食感になります。薄力粉は膨らし粉を入れるとサックリ食感になります。

Q12. そば粉や米粉のおやきは作れますか

A12. 長野県小谷村で作られてきた「ちゃのこ」は、そば粉のおやきです。米粉のおやきには、長野県栄村で作られてきた「あんぼ」があり、どちらもおやきの親戚です。そば粉や米粉はグルテンが少ないため、生地があまり伸びません。そば粉には小麦粉を混ぜたり、米粉は蒸かしてよく練ったりして生地を扱いやすくしています。

Q13. 水分量によって生地のかたさは違いますか

A13. 小麦粉に加える水分の割合を加水率と

いいます。加水率が高くなればなるほど、生地はやわらかくなります。これはグルテン形成が弱くなるためです。熱湯の場合、水分量は小麦粉と同量以上入りますが、糊化します。この場合、グルテンは変性するため形成されません。

Q14. 砂糖や油を入れることがあるのはなぜですか

A14. 砂糖には、グルテンの働きを弱めて水分を吸収する働きがあるため、一定量（10%以上）の砂糖を入れることで、出来上がりの生地がやわらかくなります。油脂も同様の働きがあります。

具

Q1. 具に向く野菜はなんですか

A1. 組み合わせや調理方法によって、ほぼすべての野菜が具になります。クリーム状のものは包むことが難しいですが、冷凍にすれば、包みやすくなります。ただし出来上がりは扁平になります。

Q2. 具はあらかじめ加熱した方がいいですか

A2. 食材によって、加熱が必要なものとそうでないものがあります。具のみを加熱した後に、さらにおやきとして蒸かす時間が加わることを計算しましょう。加熱するとやわらかくなる食材は生もしくは塩もみをして使います。

Q3. 味付けのコツを教えてください

A3. おやきは生地に味付けをしないので、具は惣菜としての通常の味付けよりも濃くする必要があります。味噌味は、特に味が抜けやすいので

おやきのQ&A

濃い目にしましょう。

Q4. 具の丸め方のコツはありますか

A4. 両手の指先を使ってコロコロと転がすように丸めると、中心はやわらかく、表面はかたく丸めることができます。味付けをした具をギューッと強く握ると、味が抜けてしまいます。

Q5. 野菜の切り方によって丸め方の違いは出ますか

A5. 角切りより薄切りの方がいいですし、より細かく切った方が、隙間がなく丸めることができます。最初からおやき用に切るのではなく、料理として作った後に、細かく切って具材にすることもできます。

Q6. 包みにくい具の丸め方にコツはありますか

A6. ゴロゴロしていたり、かたくて大きい食材を丸めることは難しいです。キャベツの千切りや切干大根などをつなぎで入れると、丸めやすくなります。

包 み 方

Q1. 上手に包むコツはありますか

A1. 生地をきれいな円形に伸ばすことです。そして、生地の中央に具を置き、具のてっぺんに生地を重ねていく包み方から練習するといいでしょう。最初から上手に包める人はいないので、安心してください。

Q2. おやきの底が厚くなります

A2. 生地を重ねる部分が厚くなりやすいので、なるべく薄く伸ばしながら、重ねすぎないようにしましょう。生地をつまんで寄せるイメージです。

Q3. 包んでいる途中に生地が破けてしまいます

A3. 生地が均一に伸びていない、中央が薄くなっている、円形になっていない、などが原因です。無理やり引っ張ることはせずに、厚い部分から生地を寄せてくるといいでしょう。

Q4. 具から水分が出たり、具がグチャグチャになってしまいます

A4. なるべく具に触らないように包むことが大事です。最初は味付けを濃いめにして具をしっかり丸めたり、具材を細かく切って、丸めやすくすることをおすすめします。あまりにも水分が多く、べちゃべちゃな場合は、臭いのないパン粉を加えることもコツです。

加 熱

Q1. 蒸す時は強火ですか

A1. 生の小麦粉に素早く火を通す必要があるため、常に強火にしてください。

Q2. 蒸し器がありません

A2. 膨らし粉が入らない生地は、フライパンに水を張って加熱すればOKです。膨らし粉が入る生地は、鍋に入れる簡易式蒸し器を使いましょう。

Q3. ホットプレートは使えますか

A3. ホットプレートは一度に大量に作ることができ、温度も一定のため、おやきが作りやすい調理器です。家族でおやき作りを楽しむにも最適です。ただ、温度調節器の差し込み部分におやきを載せると、温度上昇の妨げになるので注意して。フライパンでおやきを焼く場合は、フチに手が当たって火傷をする場合があるので気を付けましょう。

Q4. クッキングシートを1個分ずつ切らなくてもいいですか

A4. クッキングシートを蒸し器の底のサイズに合わせてカットし、1枚で使うことは可能です。ただし熱対流が悪くなるので、多少蒸かしムラができます。蒸かし時間を少し長めに設定しましょう。敷き布の場合は、軽く絞って敷いて、おやきをそのまま置いて蒸かしてください。2回以上蒸かす場合は、その都度、敷き布を洗いましょう。使いまわすと、おやきがきれいにはがれません。

保存

Q1. 蒸かし上がってラップをするタイミングが違うのはなぜですか

A1. 生地に含まれる水分量と、膨らし粉の有無によってラップをかけるタイミングが違います。水分量が70%以下で膨らし粉が入っていない場合は、出来上がってすぐにラップをかけると、蒸発する水分が少なくなるため、やわらかさを保つことができます。水分量が70%以上、もしくは膨らし粉が入っている場合は、粗熱が取れてからラップをかけます。ある程度水分を蒸発させてからラップをすると、中に水分がこもらず表面がべたつきません。

Q2. 冷凍はできますか

A2. できます。1個ずつラップをかけて冷凍します。ただ、生地が塩分を吸って味がぼやけるため、作り立てより食感と味は劣ります。また、じゃがいもがメインの具の場合、冷凍によってじゃがいもの食感が変化するので気を付けてください。

Q3. 解凍する場合のコツはありますか

A3. 膨らし粉が入っていないおやきは、ラップをかけて電子レンジ500wで1〜2分（大きさによる）解凍してください。
膨らし粉が入っているおやきは、常温に1時間ぐらい放置して自然解凍後、蒸し器で10分ぐらい蒸かし直します。このタイプのおやきは電子レンジを使うと、生地の気泡が潰れてかたくなります。

Q4. かたくなった時、蒸かし直しと焼き直しのどちらがいいですか

A4. 焼きおやきは表面の水分が乾燥しているので、焼き直してもおいしさは戻りません。焼き蒸かしおやきや蒸かしおやきは、焼き直せばパリパリの食感になり、蒸かし直せば少しべたつく感じになります。

Q5. 冷凍の保存期間の目安はどのぐらいですか

A5. 2週間を目安に食べ切りましょう。あまり長く冷凍すると、表面が乾燥して食感が悪くなります。

あとがき

おやき———。

この愛すべき素朴な食べ物。なのに、わたしはず〜っと大嫌いでした。

それは、父が愛してやまなかったおやきを、母がいつもせっせと作っていたからです。母が小麦粉をこね始めると、子ども心に「また今夜もおやきの夕飯だあ」と悲しくなったものです。

そんなわたしが、故郷を離れてみて初めて、おやきが自分のソウルフードだと実感します。ひとりで寂しい時、悲しい時、懐かしく思い出すのは、あれほど嫌いだったおやきでした。家族と共に食卓を囲んでおやきを食べた光景が脳裏に焼き付いていたのです。母が作るおやきをしっかり学びたいと思ったのは、その時からです。

「もっと早く母が作るおやきを習っておけばよかった」「おばあちゃんが教えてくれたのにもう忘れてしまった」「おやきの作り方をイチから教えてくれるところがない」……。お店に来られるお客様から、おやきを作りたいのに作れないという声を多く聞くようになったのは、かれこれ10年ぐらい前からでしょうか。それは、おやきという食文化がきちんと次世代にバトンタッチされていない証拠だと感じていました。

自分の手で作るからこそ、我が家の味、おふくろの味になるのです。今やスーパーやコンビニでおやきが買える時代ですが、それはおばあちゃんやお母さんが作ってくれたおやきとは別物ものです。この本では、昔ながらのおやき生地と、材料や食感が違う様々な生地のパターン、そして、信州ならではの豊富な地野菜を使った具のレシピをたくさん紹介しています。

あなたが食べてきたおやき、食べたかったおやきがこの本で見つかったら、ぜひ作ってみてください。おやき作りは決してむずかしいものではありません。回数をこなすことで上手にきれいに作れるようになりますよ。

まずは生地をこねてみましょう！　そして、我が家のおやきを作り上げていきましょう！

そして、おやきを子どもたちへ孫たちへ、その味をその作り方を伝えていきましょう！

最後に、おやきのプロといえど小麦粉の知識には乏しかったわたしに、懇切丁寧に指導してくださった柄木田製粉の宮崎充朗氏に心より感謝するとともに、おやきを作るわたしの周りをコマドリのごとくクルクル回って撮影してくださったカメラマンの平松マキさん、色彩に乏しいおやきの世界を楽しく表現してくださったデザイナーの庄村友里さん、企画から1年半もの間、小麦粉の世界を一緒に旅してくださった編集の山崎紀子さん、本当にありがとうございました！

　　　　　　　　　　　　　　　　　　　　　　　　　　　　　　　　　　小出　陽子

長野県産小麦のこと

柄木田製粉株式会社（長野市）は、多種多様な小麦粉の性格・特徴と、それぞれの粉に適した用途研究を重ねて、麺や中華麺、パンなどの用途に応じて、さまざまな小麦粉を生産しています。
全国的にも小麦粉消費量が多い信州では現在、7種類の独自の小麦を栽培しており、同社が県内では唯一、県産小麦の製粉を行っています。

(県内JAによる区分)

問い合わせは
柄木田製粉株式会社
長野県長野市篠ノ井会 30 番地 -2
TEL 026-292-0890　FAX 026-293-2206

[長野県で栽培している小麦品種の特徴]

品種	特徴
シラネコムギ	（中力粉）
ゆめきらり	力強い味で、腰の強いうどんのほか、焼き菓子にも使われる。麺、家庭用、長野県で育成された中力粉。
しゅんよう	黄色味が強く、ソフトな弾力のあるうどんができる。てんぷら、ケーキ用の薄力粉として幅広く使われる。長野県で育成された中力粉。
ユメセイキ	低アミロース麦で、もちもちとした食感が特徴、うどんやつけ麺、すいとんに向く。長野県で育成された中力粉。
ゆめかおり	硬質小麦でグルテンが多い。パン生地の吸水性が高く、扱いやすい生地ができる。長野県で育成されたパン用強力粉。
ハナマンテン	早生の超強力小麦。ゆで伸びしにくく、中華麺やもちもちした食感のパンに向く。長野県で育成されたパン・中華用強力粉。
ゆめちから	北海道で育成された超強力小麦。グルテンが強く、パスタ、中華麺、中力粉と混ぜると伸びのよい生地になり、もちもちしたボリュームのあるパンができる。パン用強力粉。

小出 陽子 [こいで ようこ]

おやき店「ふきっ子おやき」店主。1959年長野県長野市生まれ。東京、インドネシアでの会社勤務を経て、2004年母親が創業したおやき専門店を継ぐ。2013年よりおやき教室主宰、各種イベントでおやき作り指導をするかたわら、2016年より長野県アンテナショップ「銀座NAGANO」にて「粉もん講座」講師。長野市内でも珍しいおやき専門店として、食シーンに合わせたさまざまなおやきのスタイルを提唱している。

信州おやき協議会会長。信州大学認定ながの食品加工マイスター。信越放送SBC「ずくだせテレビ」のゲストコメンテーターも務める。
著書に「信州おやき巡り」(川辺書林)。

- ● 監修　宮崎 充朗（柄木田製粉株式会社 製造本部長）
- ● 撮影　平松 マキ
- ● ブックデザイン　庄村 友里
- ● 編集　山崎 紀子

おやきの教科書

2019年 7 月26日　初版発行
2023年11月10日　第八刷発行

著　者　小出 陽子
発　行　信濃毎日新聞社

〒380-8546　長野市南県町657
TEL026-236-3377 FAX026-236-3096
https://shop.shinmai.co.jp/books/

印　刷　(株)シナノパブリッシングプレス

©Yoko Koide 2019 Printed in Japan
ISBN978-4-7840-7351-1　C0077

定価はカバーに表示してあります。
乱丁・落丁本はお取り替えいたします。

本書のコピー、スキャン、デジタル化等の無断複製は著作権法上での例外を除き禁じられています。本書を代行業者等の第三者に依頼してスキャンやデジタル化することは、たとえ個人や家庭内の利用でも著作権法上認められておりません。